환 희

환
중국사찰기행 1
희

정운 지음

솔바람

들어가는 말

떠나고 싶었다.

대학원 과정 이후 강의하고 글쓰는 일, 법회를 하면서 뭔가 부족하다는 절실한 배고픔을 무엇으로든 채워야 했다. 영원히 갈증나지 않을 수행의 터전을 위해 새로이 충전하지 않으면 안 되었다. 둥지를 떠나 제일 먼저 발길을 향했던 곳이 중국이다.

중국말은 초보수준이다. 2005년 3월 중순 무렵, 중국에서 3개 월간 책상머리에 앉아서 배운 게 전부다. 떠돌아다니면서 무식하게 터득한 몇 마디 중국어가 여행하는 데 보탬이 되었다. 중국에서의 온전한 생활은 대략 1년 4개월 정도인데, 6개월은 여행과 사찰 참배, 그 몇 개월은 글 쓰고 책 보는 일이 전부였다.

6개 월을 한꺼번에 여행했던 것은 아니다. 처음 북경에 머물면서 주말마다 북경 근교를 여행했고, 지방은 짧게는 일 주일에서 길게는 한 달을 여러 차례 다녔는데, 그 시간을 합쳐보면 근 6개 월에 가까운 시간이다. 그렇다고 중국 땅을 다 다닌 것은 아니다. 워낙 대륙국가인지라 중국 땅의 반 정도는 다니지 않았을까 싶다.

사찰을 탐방하는 데 참고한 책은 중국에서 발간된 사찰 관련 책 3권, 탑에 관련된 책 몇 권, 몇 년 전 이은윤 기자가 신문에 연재한 중국 선종사찰 탐방기이다. 중국 스님들이 적어 준 지역과 사찰 이름 하나만으로 찾아간 경우도 부지기수다. 그러나 조사해 간 사찰이 옛날 지명이라 현대 지명과 맞지 않아 허탕친 일도 있고, 분명히 그 지역에 어느 선사가 머물렀던 곳이라고 찾아갔는데 아닌 경우도 있었으며, 선사 이름과 사찰 이름이 거의 같은데 그렇지 않은 경우도 더러 있어서 파란만장한 일이 많았다. 하지만 어떤 시행착오도 두려워하지 않았다. 이 세상 살아가는 데 실수나 착오 없이는 값진 보배를 얻을 수 없다는 것을 늘 인식하던 터라 각오하고 떠났다.

　한편 글을 쓸 때도 참고할 만한 것이 많지 않았다. 중국 지도책에 표시되어 있는 것조차도 틀린 것이 많고, 사찰에 대한 연혁이나 설명도 책마다 제각각이어서 글을 쓰는 데 정확한 전거를 대기가 힘들었다. 사찰에 상주하는 스님에게 물어보아도 자신이 살고 있는 사찰에 대한 연혁이나 개산조가 누구인지조차 모르는 분이 많았다. 이에 필자가 쓴 책에 오류가 있음을 밝혀둔다. 이 오류를 발판삼아 앞으로 중국사찰에 대한 훌륭한 책자가 발간되기를 바라마지 않는다.

　책 내용은 필자가 다녀온 순서대로 전개했다. 처음 알고 있던 중국이란 나라와 중국 불교에 대해 시간이 흐를수록 점차 이해의 폭이 커졌음을 알 수 있다. 그 많은 사찰을 참배하고 글을 써나가는 데에도 나름대로 법칙이 있었고, 그 흐름에 따라 필자도 부응한 것 같다.

관광화된 북경 근교 사찰을 통해 중국불교의 법난과 문화혁명의 폐해를 읽었고, 중국의 3대 석굴과 북방지역의 여러 석굴을 통해 찬란했던 왕권 개입의 불교역사를, 문수·보현·관음·지장 4대 불교 도량을 통해 토속문화와 그 속에 깃든 중국불교를, 티벳사찰을 통해 티벳인의 정열적인 신심을, 강서성·호남성·광동성 등 남방의 선종사찰을 통해 중국인의 독특한 사상적 기질을 보았다. 또한 서안에서는 당나라 때 종남산을 중심으로 발전한 8대 종파(밀교·정토·화엄·율·삼론·법상종 등) 불교의 프레임을 목격했다.

그러다 보니 원고량도 방대한 분량이다. 이에 일반 사찰과 선종사찰 두 부류로 나누어 책을 엮기로 했다.

중국을 여행하면서 사찰을 다녀본 분들은 느꼈겠지만, 지나치게 관광화된 사찰을 많이 보았을 것이다. 맞는 말이다. 오대산에서 어떤 스님은 수계증서를 보여 주면서 사주를 봐 주겠다며 돈을 내라는 승려도 있었고, 법당 안에서 윷가락 비슷하게 만든 대나무 2개를 던져 사주나 운명을 봐주는 승려도 많다. 또한 법당에서 승려가 원치 않은 축원을 해 주고 금전을 요구하기도 하며 사찰 경제면만을 고려해 불교사물을 돈벌이 하는 데 이용하는 모습에 혀를 내두를 정도이다.

　어쨌든 중국불교가 바르게 흘러가지 못한다 할지라도 불교는 사람을 위한 종교요, 사람을 기본으로 한 가르침을 내건 종교이다. 잠시 중국불교가 사회주의 이념으로 변색되었을지언정 인간을 안위케 하는 인간중심사상이 살아 있다는 것, 그것 하나만으로 중국불교의 기복성과 현 사회주의적 성향을 긍정적으로 보았다.

　그러나 현 중국불교는 밖에서 보는 것과는 다른 양상을 띠고 있다. 지금 중국은 문화혁명 기간(1966~1976년)에 철저히 파괴되었던 사찰과 문화를 복원하고 있는데, 참배했던 사찰 대부분이 불사를 하고 있다고 해도 과언이 아니다. 대부분 고증을 거쳐서 불사를 하는 것 같지도 않고 획일적인 면이 있기는 하지만, 중요한 것은 그 옛날 화려했던 중국불교로 거듭나고 있다는 점이다. 마치 문화혁명 기간에 억압당했던 종교에 대한 자유와 갈망이 승려와 국민들의 가슴 밑바닥에 잠겨 있다가 봇물 터지듯이 붐을 일으키고 있는 것이 아닌가 싶을 정도다. 또한 중국 사회가 사찰 불사를 하고 문화적인 토대를 세움으로써 문화혁명 기간 동안 팽배했던 인간성 폐해를 극복코자 하는 면도 엿보인다. 어쨌든 여러 요인에 부응해서 출가하는 승려도 당연히 많고, 이곳저곳서 국제적인 세미나를 통해서 불교사상을 정립하고자 노력하는 모습도 자주 목격했다.

　현재 중국불교는 밀교, 천태종, 율종, 화엄종, 정토종, 선종 등 다양한 종파가 존재한다. 전국에 걸쳐 대부분이 정토종인 반면, 남방을 중심으로는 선종사찰이 많다. 선종사찰인 경우, 몇 곳은 총림을 형성하고 있고 사부대중이 200여 명에 가까운 절들이 많다. 양주 고민사에서 300여 명의 사부대중이 함께 참선하던 모습, 황매 사조사 선방에서 홀로 선정에 들어 있던 젊은 승려, 눈발이 쏟아지는데 그 눈발을 맞으며 진여사 100여 명의 스님네들이 자신의 발우를 들고 공양실로 향하던 모습, 석상사 무문관 등은 잊을 수 없는 장면이다.

한편 정토종 스님네들의 간절한 불심도 자주 보았다. 황매 오조사에서 만난 20대 객실 시자스님은 심부름을 하고 대화를 나누면서도 끊임없이 염주를 돌리며 진언眞言을 염했다. 또 구강 동림사에서 한 비구스님이 비를 맞으면서 탑 주위를 돌며 아미타불을 염하던 모습, 구강 능인사 매표소에 앉아 있던 한 스님이 어학기 반복카세트로 나무아미타불을 틀어놓고 삼매에 빠져 있던 모습도 목격했다.

일반 중국인들에게는 아미타신앙과 관음신앙이 주축을 이루고 있는데, 불교에 대한 이미지가 매우 좋은 편이며, 굳이 불교를 믿지 않아도 사찰에 가면 향을 피우고 관세음보살을 일종의 수호신처럼 여긴다.

처음부터 계획하고 중국사찰 탐방기를 쓴 것은 아니다. 객기와 방랑기을 잠재우지 못하고 만행이라는 허울 좋은 이름 아래 이곳저곳을 떠돌았음이 필자의 솔직한 고백이다. 책 내용은 굳이 불교적인 내용에만

국한하지 않고 중국 문화와 역사, 사회를 내 나름대로 진단해 보았고, 이전 글에서는 금기시했던 필자의 감정표현도 유감없이 발휘했다.

몇 년 동안 글 쓰는 글쟁이 역할을 하다보니 글 쓰는 일은 필자에게 있어 포교의 한 일면이요, 『설법』지와 두어 곳에 원고를 보내면서 나름대로 공부하는 구실이 되었다.

그간 3년여에 걸쳐 『설법』지에 원고를 실었던 인연으로 솔바람 출판사와 끈이 엮어졌다. 이 책 출판에 여러모로 노고를 아끼지 않은 김용란 편집장을 비롯해 여러 직원분들에게 감사할 따름이다.

중국에서 만난 몇몇 보살님들, 당신들의 어여쁨에 감사할 따름이며 소중한 인연, 영원히 고이 간직하리다.

이 지면을 통해 만나는 독자님들, 늘 행복하시길 불전에 바라나이다.

2007년 1월

정운 합장

중국사찰기행 1

환희 차례

북경 (베이징 北京)

중국불교에 대한 단상 19
옹화궁 / 북경

법난과 북경의 사찰 모습 31
서황사, 대종사 / 북경

중국 사회의 단면과 불교교육원 41
천녕사, 보국사, 법원사 / 북경

묵묵히 천 년을 서 있는 거목 53
계태사, 담자사 / 북경

가르침을 바탕으로 서로 화합하고 정진하라 65
운거사 / 북경

중국의 설날 75
법해사, 대각사 / 북경

산서성 (산시성 山西省)

부처님의 나라 87
운강석굴, 응현석가탑, 현공사 / 산서성 대동

문수보살이 머무는 곳 99
오대산 문수도량 ❶ / 산서성

문수의 원력으로 대해를 이루는 승가 113
오대산 문수도량 ❷ / 산서성

대단한 중국인들 127
숭선사, 쌍탑사 / 산서성 태원

비 내리는 여행길 135
화엄사, 선화사 / 산서성 대동

강소성, 절강성 (장쑤성 江苏省, 저장성 浙江省)

남경에 서린 한 *145*
  영곡사, 서하사, 융창사, 계명사 / 강소성 남경

중국불교의 밝은 미래 *159*
  양주 대명사, 전강 금산사 / 강소성

풀잎에 맺힌 이슬 *171*
  한산사, 서원사 / 강소성 소주

이곳은 신앙의 자유가 있다 *181*
  북사탑, 쌍탑, 운암사 / 강소성 소주

안개와 구름 속에 잠긴 고찰 *193*
  서호, 영은사 / 절강성 항주

안휘성, 절강성 (안후이성 安徽省, 저장성 浙江省)

지옥이 비워질 때까지 성불하지 않으리라 *205*
  구화산 지장도량 ❶ / 안휘성

신라 승려 김교각의 발자취를 따라서 *217*
  구화산 지장도량 ❷ / 안휘성

설마 한국승려이랴! *229*
  황산 / 안휘성

천태지의와 대각국사 의천의 숨결이 깃든 곳 *239*
  천태산 국청사 / 절강성

천태산 정상에서 맛본 산딸기 *251*
  천태산 고명사·지자탑원·화정사·만년사 / 절강성

중국 기독교와 천주교의 실상과 미륵신앙 *263*
  보국사, 설두사, 천주교당 / 절강성 영파

중국사찰기행 2

떠남 차례

절강성 (저장성 浙江省)

보타산의 파도소리와 바다 내음
보타산 관음도량 ❶ 법우사, 범음동, 혜제사 / 절강성

관음보살의 영원한 향기
보타산 관음도량 ❷ 보제사, 불긍거관음원, 남해관음상, 낙가산 / 절강성

보타산 사찰은 다 남자 공양주
보타산 관음도량 ❸ 열령암, 법화동, 서천풍경구 / 절강성

감숙성, 청해성 (간쑤성 甘肅省, 칭하이성 青海省)

돈황 막고굴의 환희와 비애
막고굴, 백마탑, 명사산 / 감숙성 돈황

사막에서 만난 구법승들
서천불동 · 양관 · 관음정사 / 감숙성 돈황

석굴의 아름다움
목탑 · 마제사 · 관음동 · 천불동 / 감숙성 장액

쿤붐 – 티베트 종카파의 고향
탑이사 / 청해성 서녕

중생의 어리석은 삶
북선사 · 동인가는 길 / 청해성 서녕

티베트 예술의 명맥을 잇는 승려들
융무사, 오둔사 / 청해성 동인

티베트 불교의 4종파
라플란사 / 감숙성 하하

석굴에 드러난 예술적 기량
백탑사, 병령사 석굴 / 감숙성 난주

하남성 (허난성 河南省)

중국 최초의 절과 42장경
백마사, 관림 / 하남성 낙양

불교와 예술의 절묘한 극치
용문석굴 / 하남성 낙양

백낙천의 황혼과 도반들
향산사 / 하남성 낙양

섬서성 (산시성 陝西省)

법상종과 현장법사
소안탑, 대안탑, 흥교사 / 섬서성 서안

밀교와 불공삼장
흥선사, 청룡사 / 섬서성 서안

율종과 도선율사
종남산 정업사 / 섬서성 서안

삼론종과 구마라집
종남산 초당사 / 섬서성 서안

정토종과 선도화상
종남산 향적사 / 섬서성 서안

화엄종과 신라 의상대사
화엄사 / 섬서성 서안

신심만 있으면 개 이빨도 후광을 발한다
법문사 / 섬서성 서안

사천성 (쓰촨성 四川省)

장엄한 화장세계
낙산대불, 아미산 보현도량 ❶ / 사천성

아! 보현보살
아미산 보현도량 ❷ / 사천성

중국사찰색인지도

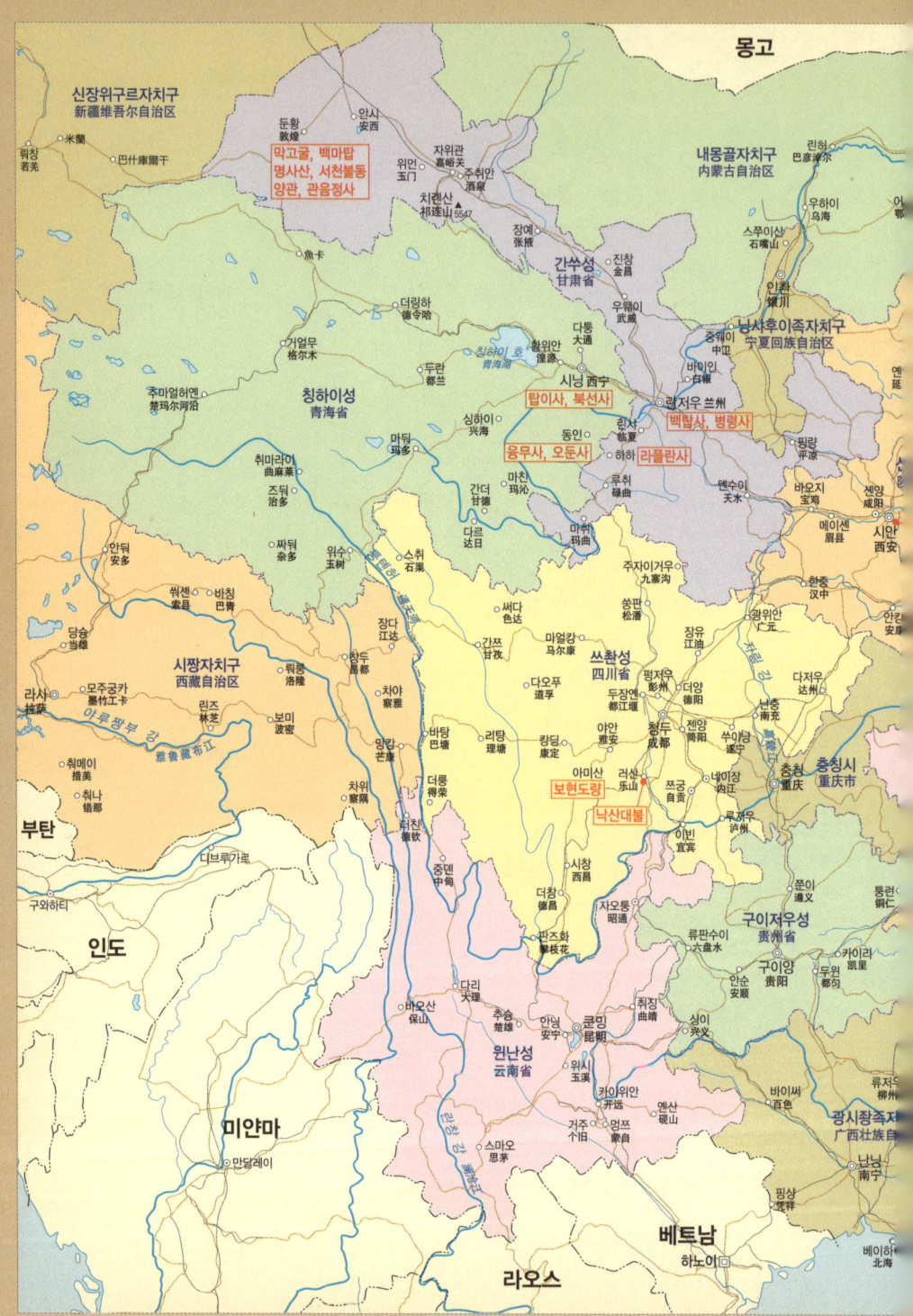

이 책을 읽기 전에

1. 이 책은 특성상 현대 지명과 옛 지명(승려 출생지, 고대 지명 등)이 반복되어 나오는데, 이것을 통일하기 위해 지명은 중국식 발음대로 표기하지 않고, 한문 원음대로 표기한다.
   단, 중국의 근·현대 인물들은 중국식 발음대로, 일본 승려 이름은 일본식 발음대로 표기.
2. 현재 중국은 한족(90%)과 소수민족(10%, 55민족)이 더불어 사는 다민족 국가이다.
3. 글 전개상, 중국 역대 지명이 자주 나오므로 독자들의 이해를 돕기 위해 중국역사 연대기를 첨부한다.

중국역사 연대기

나라 이름	연대	나라 이름	연대
진秦	BC221~BC206년	북송北宋	960~1127년
한漢	BC202~AD220년	남송南宋	1127~1276년
3국三國	220~280년	요遼	916~1125년
서진西晋	265~316년	서하西夏	1038~1227년
동진東晋	317~420년	금金	1115~1234년
16국十六國	304~439년	원元	1271~1368년
남북조南北朝	386~589년	명明	1368~1644년
수隋	581~618년	청淸	1644~1911년
당唐	618~907년	중화민국中華民國	1912~1949년
5대10국五代十國	907~979년	중화인민공화국中華人民共和國	1949년 10월 1일~

4. 참고로 필자가 순례한 중국불교 도량과 세계문화유산을 수록한다.

■중국불교 도량

3대 석굴
운강석굴/산서성 대동
막고굴/감숙성 돈황
용문석굴/하남성 낙양

4대 불교성지
문수도량 오대산/산서성
지장도량 구화산/안휘성
관음도량 보타산/절강성
보현도량 아미산/사천성

중국 종파불교의 8종
법상종(유식)-대안탑, 자은사
밀교-청룡사
계율종-정업사
삼론종-초당사
정토종-향적사
화엄종-화엄사
천태종-국청사
선종-소림사
*그 외 미륵불교 발원지-설두사

티벳사찰
탑이사(청해성 서녕)
용무사, 오둔사(청해성 동인)
라플란사(감숙성 하하)
보살정(오대산), 진해사(오대산)
해장사(감숙성 무위), 옹화궁(북경)
승과사(감숙성 장액)
병령사(청해성 난주)

■세계문화유산

운강석굴/산서성 대동
막고굴/감숙성 돈황
용문석굴/하남성 낙양
보현도량 아미산/사천성

낙산대불/사천성 낙산
황산/안휘성
사자림, 졸정원 등 고대정원/강소성 소주

북경 (北京 베이징)

중국불교에 대한 단상

북경 | 옹화궁

중국에 온 지 두어 달이 넘어가면서, 늘 마음 속으로 이렇게 생각했다. '모든 것을 내려놓고 중국에 오기를 참 잘했다'고.

고대 역사부터 시작해서 19세기 말까지 중국과 한국은 우호적인 관계를 유지하기보다는 적대적인 관계였다. 솔직히 한국인으로서 자존심 상하는 얘기지만, 역사상 한국은 중국의 그늘 아래 존재했다(이 점에 대해서 한국인은 대단히 민감하게 반응한다. 이는 필자의 주관이다). 고대 역사상이나 최근 몇 년 전에도 고구려를 중국 역사에 편입시키는 등, 중국의 패권주의와 방자함이 별로 달갑지 않다. 현재도 소수민족을 중국화하면서, 그들의 자유와 독특한 민족성을 중국화로 동질시한다. 1959년 이래 지금까지 티베트 땅을 중국으로 영입하고 '신장 자치구'로 다스리고 있는 경우는 또 어떠한가? 이렇게 티베트인의 영혼을 짓밟고 있다는 점에 늘 가슴아파하면서 중국에 대한 혐오감이 더했다. 그러면서도 한편으로 나는 중국이란 나라를 늘 동경해 왔다. 언제고 내 인생에서 한 번쯤 살고 싶은 나라였다. 전생에 중국인이었는지도 모른다는 생각이 들 만큼 '한국'이라는 단어보다 '중국'이란 단어가 내게 익숙해 있었다. 몇 년 동안 차를 마시면서 중국차를 즐겨 마시고, 10년 넘게 공부를 하면서 중국과 관련된 불교 책만 보았으며, 몇 편의 논문을 쓰면서 중국이란 단어가 빠진 경우가 없었기 때문이다.

중국 북경北京에서 절 몇 군데를 다녀보고, 그 유명한 천안문을 가 보았지만, 특별히 중국적인 냄새를 느끼지 못했다. 사찰에서는 삭막한 이념과 사회주의 국가가 이용하는 부처님에 대한 예우가 기분 나쁘다. 현재 북경 소재 대부분의 사찰들은 스님의 수행처나 신도들의 기도처가 아니다. 단순히 관광객을 불러들이는 수입원일 뿐이다. 티베트 절에는 티베트 스님들이, 혹은 내몽고 스님들이 공안당국의 명령(?)으로 법당 곳곳에 앉아 있다. 솔직히 가슴 한구석이 너무 허전하고 마음 아프다. 그 옛날의 화려했던 중국불교는 어디로 갔을까? 수행에의 시퍼런 칼날을 내세우며 기개 드높던 역대의 고승들은 다 어디로 갔을까?

 한국불교 하면 거의 방광에 가까울 만큼 환한 부처님, 깨끗한 법당, 스님들과 신도들의 부처님에 대한 예배와 존경심이 우선 떠오른다. 한국의 불상은 정말 아름다움 그 자체이다. 그런데 중국의 사찰이 다 그런 것은 아니지만, 수북이 먼지로 쌓인 부처님, 거대하기만 하고 영혼이 없는 듯한 부처님을 곳곳에서 친견하면서 마음 한구석이 씁쓸하다. 어떤 사찰은 한국 사찰에 비해 지나친 입장료를 받고 있다. 중국 물가를 감안해 볼 때, 입장료는 유학생의 몇 끼 밥값에 해당하는데, 심지어 승려인 내게도 외국인이라는 점을 이용해 입장료를 다 내라고 요구하는 것이 아닌가. 어쩔 수 없이 요금을 내지만, 솔직히 배가 아프다. 한국 사찰에서는 이런 경우는 없기 때문이다. 부처님이 단순히 문화적인 개념으로만 받아들여지는 경향도 없지 않다. 이런 허전함이 싫어 '다시는 사찰에 가지 말아야지….' 맹세해 놓고 시간이 지나면 또 사찰에 가고 싶어진다.

번가원의 마오쩌둥 기념품 가게 풍경

중국은 노동절(5월 1일)부터 시작해 모든 관공서, 학교, 직장까지 일 주일간 연휴에 들어간다. 노동절 연휴 첫날, 번가원潘家園에 다녀왔다. 그곳은 중국의 골동품 전문 시장으로 널리 알려져 있으며, 중국을 상징할 수 있는 것들이 다 있다. 일반적으로 '골동품' 하면 그 나라의 문화적인 상징이기 때문에 꼭 가 볼만한 곳이라고 굳게 마음먹고 다섯 시간 남짓을 돌아보았지만, 인간의 생리적인 욕구(배고픔) 때문에 미처 다 보지 못한 채 문화적 욕구를 제쳐둘 수밖에 없었다. 그런데 그곳에서 생각보다 놀라운 점, 두 가지를 발견했다.

첫째, 마오쩌둥을 상징하는 시계, 도장, 그림 등이 다양하다는 점이다. 마오쩌둥은 중국 공산당을 만든 초대 인물이기는 하지만, 중국인들의 가슴 속에 신화적인 존재로 남아 있다는 사실이 신기했다. 솔직히 필자는 1980년대 이후 자유주의 물결로 인해 중국인들이 국가를 공산화한 그를 좋아하지 않을 것이라고 생각했다. 그런데 그 반대였다. 이렇게 한 인물을 신화적인 존재로 섬기고 있는 나라이니 사회주의 이념이 지속될 수 있지 않나 싶다. 이념적인 문제는 다룰 것이 아니므로 여기서 접어둔다.

둘째, 불교적인 물품이 많다는 사실이다. 다양한 불상, 보살상, 포대화상, 촛대, 염주 등 불교를 상징하는 것들이 즐비하였다. 진짜 고대 물건이 있기도 하지만, 대부분이 고대 물건처럼 정교하게 만들어서 고가로 관광객들에게 팔기 위한 것이다. 한국에서라면 모시고 싶은 불상과 보살상이 많았다. 어쨌든 이런 점들을 볼 때 중국 역사상 불교가 왕권이나 귀족들은 물론이요, 민중들과 늘 가까이 있었다는 것을 느낄 수 있었다. 중국의 황제들은 직접 스님들의 법문을 듣거나 수양을 한 왕들도 있었지만, 대부분의 황제들은 자신이 덕스러운 선행을 베풀고 도덕적인 정치를 하고 있다는 것을 대외적으로 표방하기 위해 불교를 이용하기도 했다.

번가원에서 파는 불상

그러나 중국의 민중들은 이중성을 가진 황제들과는 달랐다. 스님들이 지향하는 만큼의 수행은 아닐지언정 부처님을 모시고 받듦으로써 자신에게 복을 불러들이고 재물이 들어오게 하는 하나의 주재신적인 존재로 부처님을 신봉했다는 점이다. 한국에서 흔히 부르는 포대화상 包袋和尙을 이곳에서는 '미륵보살'이라고 한다. 실은 포대화상은 9~10세기 초(五代) 무렵의 절강성 봉화현의 계차契此 스님이다. 뚱뚱한 몸집에 큰 배를 내밀고, 늘 웃음을 띠고 있으며 등에 포대를 짊어지고 있는데 중생들이 원하는 모든 것을 다 준다고 해서 중국인들은 이 분을 미륵보살로 칭하고 있다. 즉 중국인들의 가슴 속에 보살님과 부처님은 내 고통을 덜어 주고 재물을 불러들이는 오롯이 순수한 마음에서 섬겼다는 점이다. 이 점에 대해서는 옹화궁을 다녀온 뒤 확신할 수 있었다.

중국에 1세기 무렵 불교가 전파된 이래, 지배층에서 어떤 목적을 가지고 불교를 보호하였든 간에 불교는 지배층이나 피지배층에 상관없이 모든 중국인들의 생활 속에 깊게 스며들었다. 거듭되는 전란과 정치적 분열 속에서 제국의 학문으로 뿌리를 내린 유교가 힘을 잃고 사상적 공백을 보이고 있었다는 것도 불교 홍성의 한 원인일 수 있다.

원나라(몽골족) 때의 황제들은 라마교를 신봉했다. 라마 승려가 금·은·동 등 값나가는 보시를 요구하면 그대로 다 들어 주었다. 왕궁에서는 매일 예불을 행했으며 인종 때는 매일 제물로 바치는 양羊만 해도 1만 마리에 달했다. 제사용 기름과 밀초도 각각 수만 근이 필요했다. 또

라마교 승려가 길을 다닐 때는 물질적인 숙식이 제공되었을 정도이다. 이를 거절하거나 승려를 구타하는 자는 법으로 손이 잘리고, 승려와 언쟁을 하는 자는 그 혀를 자를 만큼 라마승에 대한 예우가 지극했다고 중국사에 전한다. 원나라가 왕국을 세운 지 90년 만에 망한 데는 여러 원인이 있지만, 지나친 라마교 숭배로 인한 퇴폐적인 악습으로 국력이 소모된 점을 들 수 있을 정도이다. 고려도 원의 지배를 받을 때 라마교로 인한 폐단이 있었다.

또한 청나라 때는 라마교가 중국 조정과 몽골·티베트의 봉신封臣들을 연결시켜 주는 중요한 요소였으며, 사원에 거주하는 라마승들에 대한 지원을 아끼지 않았다고 한다.

북경의 라마사원인 옹화궁雍和宮은 북경 동북쪽에 위치하고 있으며, 사찰로서 규모가 가장 크고 보존이 가장 완전하게 되어 있는 티베트 사원이다. 그곳은 남북의 길이가 400미터, 면적이 66,400평방미터로서 북경 최대의 사원이다.

옹화궁은 1694년 청조 제3대 황제 옹정제의 저택이었다가 '옹화궁'으로 개칭되었다. 옹정제는 평생 라마교를 신봉했으며 궁전에서 티베트 승려들과 법을 논하기도 했다. 옹정제의 뒤를 이은 건륭제는 이곳에 옹정제의 초상화를 걸어놓고 그를 위해 라마식 기도와 독경을 하게 된 것이 인연이 되어 청나라 황실 사찰이 되었다고 한다. 또한 건륭제는 몽골과 티베트의 관계를 더욱 돈독하게 하기 위해 이곳을

옹화궁 승려들의 법담

옹화궁

라마교 사원으로 만들었다. 그리하여 현재 이 사원의 모든 편액은 한어, 티베트어, 몽고어, 만주어로 표기되어 있다.

현재 중국불교는 라마교를 제외시킬 수 없을 만큼 깊숙이 자리하고 있다. 솔직히 중국에 오기 전만 해도 티베트불교와 중국불교는 격이 다른 불교로 생각했고, 티베트와 중국은 완전히 다른 나라로 생각했다. 늘 중국이 티베트를 자치화한 점 때문에 중국을 미워했고, 언젠가는 티베트가 독립국가로서 우뚝 일어서리라고 굳게 믿었다. 그런데 중국에 와서 보니 티베트의 독립이 회의적으로 보인다. 그만큼 현재 중국에는 라마교가 중국불교의 한 부분이요, 더 나아가 티베트인들의 승려와 국민들의 삶은 거의 중국적이라고 느꼈기 때문이다.

옹화궁 도량 내부¹⁾에는 남쪽부터 북쪽까지 노천왕전路天王殿, 옹화궁전雍和宮殿, 영우전永佑殿, 법륜전法輪殿, 만복각萬福閣 등 다섯 대전이 늘어서 있으며 그 양쪽에는 거의 대칭으로 건물이 배치되어 있다. 또한 그

옹화궁, 옹화궁전

  이외 궁동서원宮東書院, 평안거平安居, 여의실如意室, 해당원海棠院 등이 있다. 만복각 중앙에 백단나무로 조각한 미륵불이 있는데, 길이 26미터, 지름 10미터로서 세계적으로 유명하다. 그 남쪽에 계태루戒台樓와 반선루班禪樓에는 옹화궁의 역사를 한눈에 볼 수 있는 사진과 문헌, 라마교 제사용 법기 등이 있다.

  노동절 연휴에 이 옹화궁을 가보니 관광객과 신도들로 보이는 것은 사람 머리뿐이다. 이곳에서 눈여겨보았던 것은 불교신자들의 예배 모습이다. 중국에서는 불교신자를 '향객香客'이라고도 하는데, 이는 부처님께 향공양을 많이 한다고 해서 그렇게 부른다. 향값도 싸지 않은데, 한 뭉텅이를 사가지고 들어와 향 몇십 개를 통째로 태운다.

  향을 사른 사람들이 모두 불교신자가 아닐 터인데, 너무 간절하게 합장하고 기도한다. 저들의 간절한 기도는 재복과 건강을 비는 일종의 기복적인 의식이겠지만, 부처님의 자비로움을 빌리고자 했다는 데 괜히

옹화궁에서 향을 사르는 사람들

마음이 애달프다. 사회주의 국가라서 노년층의 사람들만 불교를 믿는 줄 알았는데, 그렇지가 않았다. 젊은 사람들이 향을 태우며 절하는 모습이 눈에 많이 띄었다. 일부 젊은 중국 학생들은 내게 '자신이 불교신자'라고 하면서 합장하는 이들도 있었다.[2] 이런 점으로 보아 대외적인 불교의 모습은 잃었을지언정, 은은한 향내를 풍기듯 중국인들의 가슴 속에 부처님은 영원히 살아 있고, 앞으로도 살아 있을 것이다.

주)
1) 옹화궁은 처음에 왕의 처소로 건설되었기 때문에 고궁古宮의 삼대전三大殿과 태화문太和門을 축소한 모양을 하고 있다.

2) 대부분의 중국인들은 필자를 스님으로 알고 예의를 갖추는 이도 있다. 그런데 간혹 어떤 학생은 이렇게 묻는다. "왜 삭발하고 있냐?"고. 필자 왈曰 "요즘 한국의 유행 풍습이다. 한류 열풍이 중국에도 대단하던데, 너도 한 번 삭발해 보지!"

법난과 북경의 사찰 모습
북경 | 서황사, 대종사

중국에 불교가 들어온 이래 네 차례의 큰 법난이 있었는데, 이를 삼무일종三武一宗이라고 한다. 삼무三武는 북위의 태무제(446년)·북주의 무제(574년)·당나라 무종(845년, 회창년간) 때의 폐불사건이고, 일종一宗은 후주 세종(955년) 때의 폐불사건이다.

부처님을 훼손하고 승려들을 환속시켰으며 경전이나 사찰을 불태우는 일이 왕권에 의해 단행된 일을 말한다. 불교를 능멸한 사건들은 표면적으로는 유교·불교·도교의 대립이었으며, 특히 불교와 도교의 대립이 크게 드러났다. 중국에서 불교가 외부 종교로서 비약적인 발전을 하다보니, 당시 정치인들은 정치적·경제적인 위기를 모면코자 폐불을 단행한 경우도 많았다. 후주의 세종은 단지 불상을 녹여 돈을 만들기 위해 폐불하였다고 한다. 역사학자들은 사원이 증가하고 출가 승려가 증가함에 따라 국가의 경제적인 문제가 발생한데다 사도승의 횡포가 심했기 때문이라고도 말한다. 어쨌든 이렇게 많은 사건 중 가장 심한 법난이 당나라 무종 때 일어난 회창폐불(845~847년)이다.

2000여 년간의 중국역사를 통틀어 보아도 불교문화를 빼놓고는 얘기할 수 없다. 특히 당나라 때의 불교는 중국불교에서 가장 화려했던 시대로서 여러 종파가 생겨났고, 학문적으로나 수행면에서 비약적인 발전이 있었다. 바로 이때 일어난 회창폐불 사건은 도교 입장에서 불교를 배척하면서 발단이 되었는데, 황제의 신임을 받았던 도사 조귀진이 도교신앙이 두터운 무종을 끌어들여 폐불을 유도하였다.

폐불의 피해 규모는 엄청났다. 『구당서舊唐書』에 의하면 파괴된 유명한 사찰은 4,600여 개소, 소규모 사찰 4만여 개, 환속시킨 승려와 비구니는 26만5백 명, 몰수된 전답은 수천만 경頃, 사찰 소속의 노비를 빼앗긴 것은 15만 명이 되었다고 한다. 이후 무종의 뒤를 이은 선종宣宗이 불교 부흥을 위해 노력했음에도 불구하고 그 이전으로의 회복이 거의 불가능하였다고 하니, 그 피해가 얼마나 심각했었는지를 짐작할 수 있다.

그러나 아이러니하게도 중국불교는 이 폐불사건으로 인해 위축된 것이 아니라 더욱더 활성화되었다. 교종(경전) 중심의 불교는 시들해진 반면, 선종禪宗은 불교사상 최대의 전성기를 맞이한 것이다. 선종의 5가 7종이 형성되면서 '불립문자不立文字 교외별전敎外別傳' 사상을 기반으로 한 실천수행 중심의 선이 발전하였으며, 이후 재가 불자들도 참선수행을 할 만큼 선이 일반화되었다. 즉 이전에 왕권과 가까웠던 귀족불교에서 서민대중과 가까운 불교로 발전하였다.

1949년 중국인민공화국이 형성된 직후 1970년 초까지 불교에 대한 탄압도 이전의 법난만큼 심했다. 공산당 수립 이후 불상을 훼손하며 사찰을 불태우고 스님들을 환속하도록 강요했다. 1960년대에 이르러 예배를 의미하는 불교 사찰은 겨우 몇 곳에 불과했다. 문화혁명 당시 '4가지 낡은 것 타파破四舊'는 종교와 문화에 대한 대숙청이라고 보아도 좋을 것

문화대혁명때 파괴된 불상

이다. 중국 최초의 사찰인 백마사白馬寺의 예를 들어보면 이러하다.

    백마사 사찰 옆에 생산대대가 하나 있었는데, 당지부 서기가 농민들을 거느리고 백마사에 가서 혁명을 하였다. 이때 천여 년 전 요나라 때 만든 18나한 조각이 훼손되었고, 2천여 년 전 인도 고승이 가지고 온 패엽경貝葉經이 불타버렸으며, 백마사의 보물인 옥마玉馬가 산산이 조각났다. 몇 년 후, 캄보디아의 해외 망명 군주 노로돔 시하누크Norodom Sihanouk가 백마사를 참배하겠다고 하자, 당시 중국 총리였던 저우언라이는 급히 자금성 안에 있던 패엽경과 베이징 향산 벽운사의 18나한을 낙양으로 운송하라고 지시를 내려, 가짜 문화재로 대체해 외교적 난제를 해결하였다.1)

    1966년 5월, '문화대혁명' 이 시작되면서 사찰, 불상과 명승고적, 서예와 그림, 골동품은 '봉건주의, 부르주아, 수정주의' 로 간주되어 홍위

문화대혁명때 파괴된 불상

병들의 주요 파괴대상이 되었다. 내가 이화원에 갔을 때 불교도량인 불향각佛香閣 주변에 있는 불상은 상호가 다 뭉개졌고, 천녕사 탑의 불상도 사람 손이 닿을 수 있는 불상은 형체를 알아볼 수 없었으며, 운강석굴 또한 마찬가지였다. 산서성山西省 대현代縣 천태사에 1600백 년 전 북위 때의 보살상과 벽화는 홍위병들에 의해 마음대로 짓밟히어 형체를 알 수가 없다고 한다. 이 외에 다른 사찰 벽화들도 마찬가지로 파괴되어 어떤 보살상인지, 부처님인지 알 수 없는 사찰도 많았다.

　몇 년 전 『동행』이라는 책을 읽은 적이 있다. 이 책은 미국 작가 조지 크레인이 종차이 스님과 함께한 중국 기행문이다. 즉 종차이 스님은 1960년초 중국 문화혁명 당시 홍콩으로 탈출한 뒤, 미국으로 망명하여 30여 년을 지냈다. 1990년 후반 중국의 자유화 물결로 종차이 스님이 출가 수행했던 절과 스승의 시신을 수습하고자 중국을 방문한 내용으로 엮어졌다. 이 책을 읽으면서 스님이 중국을 탈출하는 대목에서는 마치 전쟁영화 속의 탈출을 보듯 가슴 졸였고, 숨이 막힐 듯한 심정으로 아찔했다.

이제 와서 중국은 무슨 속셈인지 사찰을 열심히 꾸미고 있다. 제대로 고증은 하면서 불사를 하는지, 사찰에 불상도 모셔져 있지 않고 승려도 없는데, 외관상으로만 사찰처럼 꾸미고 절 간판까지 버젓이 걸어 놓고, 안에 들어가 보면 '무슨무슨 사무실' 이다.

며칠 전 아는 사람 소개로 시내에 있는 한의원으로 침을 맞으러 나갔다. 그곳에서 10분 거리에 서황사西黃寺라는 절이 있는데, 마침 북경 소재 사찰을 소개한 DVD에서 보았던 터라 가 보았다. 서황사는 서장西藏, 즉 티베트와 관련된 유서 깊은 절이다. 분명 절 입구에 '중국장어계고급불학원中國藏語系高級佛學院'이란 글귀가 티베트어와 팔리어로도 함께 쓰여 있는데, 직원이 안장까지 찬 채 서 있었다. 나는 스스럼 없이 도량으로 들어갔다. 그랬더니 무슨 말인지 소리를 질러가며 무조건 못 들어간다는 것이다. "나는 한국 승려인데, 꼭 좀 도량을 보고 싶다."고 했더니 "무조건 안 된다."고 손을 젓는다. 할 수 없이 물러 나오면서 욕만 잔뜩하고 돌아섰다.

대종사大鐘寺는 베이징의 관광명소일 만큼 규모가 큰 절이다. 1733년 청나라 옹정제가 기우제를 지내기 위해 창건한 사찰로서 '각생사覺生

영락대종이 안치된 대종사 대전
대종사 도량①
대종사 도량②

鐘'라고도 한다. 한편 사찰 안에 명나라 영락제 때 제조된 영락대종永樂
大鐘이 있어서 '대종사'라고도 불린다. 영락대종은 높이 6.75미터, 무게
46.5톤이며 종 표면에는 100개 이상의 경문 3만여 자가 새겨져 있다고
하여 세계적으로 유명한 종으로 알려져 있다. 한 달 전 이곳에 갔는데,
이상하게 사찰은 없고 대종사 박물관뿐이었다. 한국처럼 절이 따로 있
고 박물관이 있는 줄 알고 중국말도 못하는 주제에 겨우겨우 물었더니,
자꾸 박물관만 가리켰다. 그제서야 깨닫고 절 안에 들어가니 박물관답
게 700여 개가 넘는 종을 소장하고 있었다.

옹화궁에 갔을 때에도 이런 일을 겪었다. 옹화궁과 지척거리에 '백림사柏林寺' 가 있는 것을 지도에서 눈여겨보아 두었다가 옹화궁 참배 뒤에 겨우 찾아갔다. 옹화궁 바로 뒤편이었는데, 언뜻 규모는 작아 보였지만 나름대로 옹화궁과 관련된 사찰이 아닌가 싶었다. 그런데 분명 '백림사' 란 절 팻말이 붙어 있는데, 공안국 직원이 버티고 서서 들어가지 못하게 했다. 알고 보니 사찰이 아닌 정부 관련 사무실로 쓰고 있었다.

북경 담자사에서 가까운 곳에 위치한 서봉사西峰寺도 마찬가지였다. 예전에는 규모가 꽤 큰 도량이었을 텐데 지금은 단지 이름만 있고 '서봉사 중국 농림자원부(?) 중심'으로 변모해 있다. 또 북경 시내에 있는 보국사報國寺의 경우도 이름만 있을 뿐이지 도량 안이 시장터로 바뀌어 있었다. 좋아하는 중국인 작가 위치우위는 『중국문화답사기』에 이런 말을 남겼다.

> 비극이 없다면 비장함도 없을 것이며, 비장함이 없다면 숭고함도 존재치 않는다. 눈 덮힌 봉우리가 위대한 것은 도처에 등산가의 유체가 묻혀 있기 때문이며, 바다가 위대한 것은 곳곳에 파손된 배의 잔해가 떠다니기 때문이다. 달 착륙이 위대한 것은 '첼린저 호'가 실패했기 때문이며, 인생이 위대한 이유는 어쩔 수 없는 백발白髮과 필연석인 결별, 그리고 영원한 상실이 있기 때문이다.

그래 나는 믿는다. 역사 이래 큰 폐불사건이 있었어도 불교는 무너지지 않았고, 오히려 불교사상은 다른 면으로 크게 발전해 왔다. 티베트를 짓밟은 중국 지도자들의 야만성에도 불구하고 티베트의 불교사상은 찬란히 빛나며 서양인들의 귀의처가 되고 있다. 더욱이 몇몇 공산당원들에 의해 탄압이 있었을지언정 중국 국민들의 가슴 속에 부처는 살아있다는 것을 직접 보았고, 느꼈다.

사람이 고통의 세월을 지내고 중년의 나이에 중후한 인생의 모습을 드러내듯, 앞으로 불교도 이전의 '폐불'이라는 아픔 뒤에 찬란한 태양처럼 빛날 것이며, 은은한 달빛처럼 그윽한 미소를 풍기어 많은 중생들의 품에 안기리라고 나는 굳게 믿는다. '희망'이라는 이름이 있기 때문에.

주)
1) 딩수(丁抒) 저, 『얼마나 많은 문화재가 불태워졌는가?』

중국 사회의 단면과 불교교육원
북경 | 천녕사, 보국사, 법원사

'삭막한 이념과 황량함으로 뒤덮힌 북경에 있는 절에 다시는 가지 말아야지!' 맹세해 놓고 막상 시간이 있으면, 다른 명승지보다 사찰에 가고 싶어진다. 아침을 든든히 먹고, 우연치 않게 한국인 한 명과 중국인이 동행했다.

조선시대의 불교는 역경과 수난의 시대였다. 불교가 가장 융성했고 스님들의 위치가 높았던 고려시대에 비해 조선의 불교는 말 그대로 밑바닥이었다. 조선 초기의 유학자 정도전, 이색 등은 끊임없이 폐불론廢佛論을 주장했고, 왕에게 불교의 폐단성을 주장하는 상소문이 빗발쳤다. 지나가는 스님을 양반들이 데려다 몰매를 쳐도 그 스님은 하소연할 곳이 없었고, 고위급 양반이 사찰을 개인 별장으로 만들 만큼 불교계의 수난이 심했다. 조선 초기의 함허득통涵虛得通(1376~1433년) 선사가 폐불론에 대응해서 썼던 『현정론顯正論』을 보면, 당시 불교계의 아픔이 얼마나 컸는지를 미루어 짐작해 볼 수 있다. 조선 후기 추사 김정희도 스님들과 유대관계를 가지면서도 유학에 대비하여 불교를 맹렬히 비난하기도 했다.

어려서 사서삼경 등 유학을 공부한 나의 속가 외삼촌(현 80세)은 당신 어릴 때만 해도 동학들과 함께 스님들 보고 말끝에 '… 해라'라고 할 만큼 스님들을 낮추어 대했다고 한다. 조선의 불교가 이렇게 탄압을 받다 보니 사찰들은 산속으로 들어가게 되었고, 스님들은 20세기 초까지 서울 사대문 안에 출입하지 못할 만큼 천민 대접을 받았다. 이렇게 끝없이 추락했던 조선의 불교를 생각하면서, 북경 시내에 그것도 황제의 궁전인 자금성과 그리 멀지 않은 곳에 사찰이 많다는 것이 신기했다. 그런데 대부분 북경 소재의 사찰들이 황제의 명과 복을 빌어 주는 곳(특히 만수사萬壽寺)이거나 황제들의 별장으로 이용되었던 것으로 보인다. 나는 큰 기대를 하지 않고 북경 중심가에 있는 몇 사찰을 찾아갔다.

처음 간 곳은 천녕사天寧寺이다. 그곳에는 거대한 전탑塼塔만 덩그러니 놓여 있고 요사채나 법당조차 없었는데, 국가의 도움으로 도량을 다시 짓고 있었다. 도량에 들어갈 수 없다는 것을 간곡히 부탁해서 들어갔다. 버스 정류장에서 절까지 10여 분 거리이고 그 일대가 공장과 빌딩으로 둘러싸여 있는데도, 멀리서도 한눈에 띌 만큼 거대한 탑이다.

천녕사는 지금으로부터 1500여 년 전인 북위시대에 창건되었다. 시대를 흘러오며 이름이 자주 바뀌다가 요나라(1119~1120년) 때 절 뒤편에 있던 천왕사 사리탑을 천녕사에 안치하였다. 전설에 의하면 수나라 문제가 석가모니 진신사리를 서안 법문사와 천녕사에 모셨다고도 한다. 명나라 때부터 지금 이름인 천녕사로 불렸다. 천녕사는 《원각경》에 의거해 탑신을 조상彫像하여 원각도량으로 배치하였다. 탑의 건축과 장식 처리는 《화엄경》에 의거해서 대일여래大日如來의 화장세계를 상징한다. 두 경전에 의거해 탑을 조성했다는 것은, 요나라 때 화엄종을 존숭했을 뿐만 아니라 현교와 밀교의 융합을 뜻한다. 탑에는 사방으로 동쪽

천녕사 진신사리탑

천녕사 진신사리탑 단면

에 약사불, 서쪽에 아미타불, 남쪽에 대일여래, 북쪽에 준제관음보살이 부조되어 있다. 탑신의 앞쪽에는 문수보살과 보현보살, 뒤쪽에는 10존尊의 원각보살이 모셔져 있다. 그런데 사람 손이 닿는 부분의 보살상이나 불상은 머리와 팔다리가 훼손되어 있다.

  아마도 1966년 문화혁명 때 홍위병들이 열심히(?) 깨뜨린 것으로 보인다. 마오쩌둥은 당시 권력에 불안을 느끼고 나이 어린 학생들을 홍위병에 가담케 한 뒤, 문화혁명을 일으켜 자신을 반대하는 극우파 및 지주와 지식인들을 자아비판케 했다. 또한 사찰의 불상이나 탑 등을 마구 훼손하고 사찰을 폐쇄시켰으며, 도교와 유교문화재도 완전히 파괴했다.

  우리 일행이 탑에 참배하러 들어갔을 때, 연세가 지긋한 몇몇 거사님과 보살님이 탑돌이를 하면서 기도하고 있었고, 우리가 떠날 무렵에도 한 보살님이 기도하러 왔다. 마구 훼손된 불상과 보살상을 보고 가슴이 아팠는데, 승려와 법당도 없는 곳에 기도객들의 발길이 끊이지 않는다는 데 위안을 삼으며 그곳을 떠나왔다.(실은 후에 두 번 더 찾아갔는데, 2006년 가을 무렵에는 승려가 20여 명 상주하는 등 거의 복원되어 완전한 사찰의 모습을 갖추고 있었다.)

다음 목적지는 30분 거리인 보국사이다. 그런데 천녕사보다 보국사는 번화한 시내 중심에 있었다. 속으로 '보국사報國寺'라는 절 이름을 되뇌이면서 보국사에 도착했다. 사찰 입구는 꽤 번화한 거리였다. 이상하게 생각하고 도량에 들어서니, 더 이상 절이 아니라 곳곳에 골동품이나 중국의 공예품을 파는 장삿꾼들이 즐비했다. 중국인들의 상술적인 머리가 부처님 도량까지 이용하고 있음에 기가 막힐 따름이다. 법당이나 요사채로 보이는 곳의 편액도 모두 무슨무슨 사무실이다. 나중에 알아보니 국가에서 이곳에 그런 물건들을 파는 곳으로 만들었다고 한다. 꽤 규모가 갖추어져 있고 임시로 그렇게 한다고 하지만, 앞으로 사찰로 다시 복원되기는 어려울 듯 싶었다. 법당 안에는 들어갈 수 없도록 경찰들이 가로막고 있어 멀찌감치서 법당만 쳐다보고 물러났다.(어쩌면 법당 안에 부처님이 안 계실지도 모른다. 그래도 양심이 있어 어느 박물관에다 모셔 놓았겠지!)

북경 우가에 그려진 각 소수민족을 상징하는 대형간판

중국이라는 나라는 대단한 나라이다. 백인 우월주의가 팽배해 있는 서양에서는 황인종이나 흑인들이 심한 차별대우를 받는다. 가까운 일본에서도 재일 동포들이 일본인들의 차별대우 때문에 힘겨운 삶을 살고 있다. 그런데 이 중국이라는 나라는 소수민족에 대한 차별이 별로 없다. 처음에 필자는 조선족들이 힘겨운 삶을 살았을 것으로 생각했다. 그런데 전혀 그렇지가 않았다.

정계에도 높은 자리는 한족이 차지하지만, 왠만한 자리에는 소수민족이 골고루 배치된다. 또한 대학에서는 소수민족 자녀들에게 가산점수를 주어 교육의 혜택을 누리게 한다. 그만큼 중국인들은 정통 민족인 한족과 동등하게 소수민족을 대해오고 있다. 한족에게는 인구억제정책을 적용해서 한 가정에 한 자녀밖에 출산할 수 없는데, 소수민족에게는 두 자녀까지 허용할 정도이다. 뿐만 아니라 소수민족들만이 지닌 고유한 민속행사나 의복, 종교까지도 자유이다. 북경에서 시청할 수 있는 TV채널 중에는 몽골·티베트·이슬람 방송이 나올 정도이다. 어쨌든 소수민족을 존중해 주는 모습 만큼은 중국에 대해 좋은 인상으로 부각되었다.

국가 정책은 '모든 민족이 평등하게' 라고는 하지만, 한족이 소수민족에 대한 우월의식을 갖고 있지 않을까 하는 의구심을 품고 있었는데, 묘한 것은 중국 국민들 사이에서도 이 평등사상이 어느 정도 유지되고 있다는 점이다. 북경에 소재한 사찰에 대해 별 기대감 없이 이슬람 사원 예배사를 지나 20여 분을 걸어 법원사法源寺에 도착했다.

그런데 뜻밖에도 그곳은 스님들이 200여 명 상주하는 큰 절이다. 밖에서 볼 때는 작아 보였는데 내부 곳곳을 보니 그 규모가 정말 대단했다. 원래 이 절은 근방 일대가 모두 사찰 땅이었는데, 현재 4분의 1로 줄었다고 한다. 법원사는 선무구宣武區 우가牛街에 위치해 있는데, 중국 불교 도서 문물관이기도 하다.

당나라 때 처음 사찰이 창건되었으니 지금으로부터 1,300여 년의 역사를 지닌 곳이다. 처음에는 민충사憫忠寺 등 여러 이름으로 불리고 몇 차례 보수작업이 있었는데, 청나라 옹정제 때 재건하면서 현재 이름인 법원사가 되었다. 도량 내에는 천왕전, 대웅보전, 민충대, 비로전, 관음전, 법당을 중축선으로 건물이 세워져 있다. 대웅보전에는 부처님을 중심으로 보현과 문수가 모셔져 있는데, 이는 명나라 때 조성되었으며 나무로 조각된 18나한은 청나라 때 조성된 것이다.

관음전에는 당·오대·송·원·명·청대에 모신 불경 및 패엽경과

나무아미타불을 염하며 저녁예불을 하는 법원사 스님들   법원사 비로전에 안치된 비로자나불

서하西夏어·티베트어·몽골어·태국어로 쓰인 경전이 안치되어 있다. 비로전에는 명나라 때 조성된 대략 5미터인 5방의 청동비로자나불을 모셔 놓았다. 하층에는 수많은 부처님이 새겨진 단 위에 사방으로 부처님이 모셔져 있고, 그 위에 비로자나불이 모셔져 있다.

  가장 깊은 곳에 위치한 법당에는 중국 3대 와불臥佛 중 하나인 와불상이 편안한 자세로 누워 계신다. 이 절에서 가장 중요한 건물이 민충대이다. 관음각이라고도 불리는 이 건물은 옛날에는 7칸 3층이었으나 지금은 당우가 축소되었으며, 내부에 비각과 경당이 진열되어 있다.1)

  법원사는 스님들이 경전을 공부하는 불학원佛學院인데, 중국 제일의 교육기관으로, 한국으로 치면 강원講院에 해당한다. 20세기 초 불학원이 개설된 이래 전쟁으로 인해 잠시 폐쇄되었다가 1956년 다시 개설

법원사 200여 명의 승려가 공부하는 불학원

되었다. 하지만 1966년 문화혁명 당시 또다시 폐쇄되었다가 1980년 현재의 모습으로 다시 개설되었다. 교육과정은 4년제인데, 2년은 불교학과 문화사 등 교양과목 과정이고, 2년은 전문과정으로 각 종파(유식학, 율·화엄학, 천태학, 선종사 등)의 교리와 주변 불교국가의 불교사를 교육한다.

4년 과정을 졸업하고 연구생(한국으로 치면 대학원생) 과정까지 있다고 하는데, 꽤 규모가 있음직한 건물이다. 스님들이 함께 공부하는 교실이나 도서관까지 갖추어져 있다. 도서관 내부에는 현재 중국에서 발행되고 있는 불교 잡지 20여 권이 함께 있었다. 필자가 안에 들어갔을 때 몇몇 스님네들이 도서관 중앙에 있는 테이블에서 일반 신문을 보고 있었다. 그런데 뭔지 모를 싸늘한 분위기가 감돈다고 해야 할까? 아직은 한국의 대중강원만큼 수행풍이 깃들어 있는 향기가 배어나지 않았다.

주)
1) 당나라 어사대부인 사사명이 세우고, 참군 소영지가 쓴 〈무구정광보탑송비無垢淨光寶塔頌碑〉와 당나라 892년에 세운 〈당민충사중장사리기비唐愍忠寺重藏舍利記碑〉 및 요 · 금 · 청나라 때 세운 비가 있다.

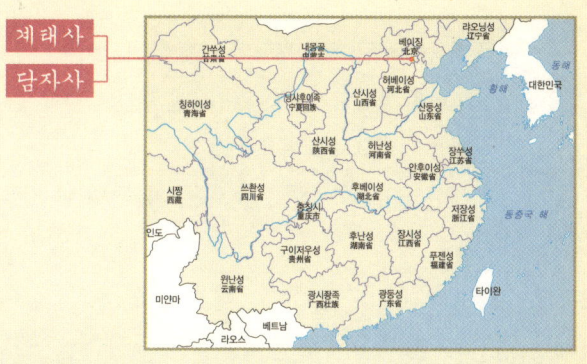

묵묵히 천 년을 서 있는 거목

북경 | 계태사, 담자사

> 미륵불의 큰 배는 도량이 커서 (大肚能容)
> 천하의 용납하기 어려운 일들을 다 용납하고 (容天下難容之事)
> 입을 벌리고 웃으며 (開口便笑)
> 세상의 마음이 좁은 가소로운 자들을 다 비웃는다. (笑世上可笑之人)
>
> 담자사 미륵불전 대련

새벽 5시 반에 출발했다. 도대체 무슨 웬수가 졌다고 이렇게 나는 떠나는 것일까? 끊임없이 새로운 곳을 향해 떠나는 역마살을 나도 어쩔 수 없다. 새벽녘 작은 공원에서는 음악을 틀어놓고, 많은 노인들이 그룹을 지어 태극권을 하였다. 내가 사는 곳의 공원에서도 몇 번 보았던 일이지만 중국인들은 건강에 대한 관심이 대단하다. 또 저녁에는 공원에서 음악을 틀어놓고 무리지어 (사교)춤을 추는 이들도 있다. 전날 봐 두었던 버스를 타고, 다시 전철로 갈아타고, 전철에서 내려 버스를 타고, 또 계태사행 버스로 갈아탔다. 차를 바꿔 타는 지점마다 무면허 택시기사들의 호객행위를 이겨내는 데도 많은 인내가 필요했다.

계태사戒台寺는 북경에서 서쪽으로 약 35킬로미터 떨어진 곳에 있다. 당나라 때(622년)에 창건된 사찰로서 처음에는 혜취사慧聚寺로 불리었다. 요나라 때 이곳에 계단을 설치해 법을 설하고, 승려들에게 계를 주었다고 하여 계단사戒壇寺라고도 한다. 원나라 때 화재로 인해 소실되었

새벽에 태극권을 하는 노인들

다가 명나라 때(1434년) 중건되면서 만수사萬壽寺로 개칭되었다. 청나라 강희제 때 두 번의 보수를 한 후 절 이름을 계태사로 불렀고, 현재는 대부분 청나라 때 당우이다. 산을 중심으로 둘러싸여 있는 사찰은 한국의 산사山寺처럼 느껴져, 잠시나마 위안과 평안을 주었다.

경내에 예술적인 미를 품고 천 년이 넘도록 한자리에 서 있는 소나무가 볼 만하다. 그 소나무들은 각각 포탑송抱塔松·구룡송九龍松·와

계태사 대웅전

계태사 계단

룡송臥龍松 · 자재송自在松 · 활동송活動松이라고 불리우는데, 이들을 '계태 5송戒台五松'이라고 한다. 이 소나무들은 계태사의 명물로서 방문객의 눈길을 머물게 하며, 이 나무들을 보기 위해 많은 관광객이 몰려온다고 한다.

뜨거운 햇살을 머리에 이고, 계태사로부터 30여 분 산길을 내려와 담자사로 가기 위해 정류장에서 버스를 기다렸다. 마침 담자사행 직행 버스가 있어 1시간을 넘게 기다려 겨우 버스에 올랐다. 40여 분을 달려 담자사 입구에 버스가 서기가 무섭게 향을 파는 상인들이 구름 떼처럼 몰려왔다. 승객은 7, 8명인데 상인은 10여 명이다. 여기저기서 사람들을 붙잡고 향을 팔려고 흥정하는 그들 모습에서 고단한 삶의 무게가 느껴진다. 뒤돌아보니 상인들은 한 사람도 향을 팔지 못한 것처럼 보였

다. '하루에 얼마나 파는지, 중생의 삶이 저러할진저…'

  중국 사회를 잘 모르는 무식한 필자로서는 북경에 세를 얻어 살면서 중국 사회를 조금이나마 느낄 수 있었다. 게다가 한국인들을 상대로 살아가는 몇몇 조선족들의 모습은 그다지 좋은 느낌이 아니었다. 50대 이후의 조선족은 한국과 중국이 축구 경기를 하면 한국편을 드는 반면, 30~40대는 '누가 이겨도 좋다'는 식의 어정쩡한 표정이고, 10~20대는 당연히 중국 편을 든다고 한다.

  한국인들이 많이 살고 있는 지역이나 한국 유학생이 많은 지역에서는 조선족들이 사업을 하거나 가게를 운영하는 경우가 많다. 반찬이나 생수 판매, 부동산 중개 등 한국인들을 상대로 한다. 또 그들은 한국인 집에 파출부로도 많이 고용된다. 집을 얻으면서 조선족 부동산 중개인을 상대해보니, 그들은 겉으로는 같은 민족이라고 내세우며 한국사람 편을 드는 듯하지만 결국 중국 주인 입맛에 맞추느라 여념이 없었다. 더군다나 유학생들이 많이 모여 사는 곳은 집값이 북경의 다른 지역보다 터무니없이 비싸다. 물론 지역 사정도 있겠지만, 조선족 부동산업자들이 서로 경쟁하며 집값을 올려놓는 경우도 부지기수다.

  1992년 한중수교 이후 한국기업들이 중국에 들어와, 어느 정도 한국어에 익숙한 조선족과 손을 잡고 일했으나 점차적으로 한국인들은 그들을 멀리하였다고 한다. 사업을 해본 사람이 아닌지라 정확한 속사정을 모르겠지만, 조금은 이해가 간다. 조선족 부동산업자 때문에 마음고

생을 조금 했기 때문이다. 중국에서 조선족을 만날 경우, '한국말을 할 줄 아는 중국인'으로 생각하고 의지하는 마음을 두지 않는 것이 현명하다. 여하튼 여러 가지를 그냥 넘기고 손해 보기로 마음먹었다. 19세기 후반 배고픔을 피해 중국에 이주해 왔거나 독립군의 후손들, 그들의 부모 세대와 그들 또한 조선족으로 살아오면서 얼마나 힘들었을까 생각해서이다.

여러 가지 일로 바깥 출입을 멈추었다. 마음도 쇄신할 겸, 그 전부터 참배하고자 했던 담자사와 계태사를 가기로 정하고 길을 떠날 참이었다. 이 사찰들은 중국 여행 책자에 나올 만큼 유명한 절인지라 일찍이 가보고 싶었으나, 북경 소재이면서도 3시간 정도나 소요되는 먼 곳이라 쉽게 떠나지 못했다.

담자사潭柘寺는 북경에서 서쪽으로 약 40킬로미터 떨어진 깊은 산속에 위치한다. 1700여 년의 역사를 자랑하는 담자사는 3세기 경 진晉나라 때 창건된 북경 최고의 절이다. 이 절은 처음 가복사嘉福寺에서 당나라 측천무후 때 용천사龍泉寺, 금나라 때 만수사萬壽寺, 명나라 때 가복사, 청나라 때 수운사岫雲寺로 불리다가, 지금은 담자사라 불린다. 담자사라 이름은 절 뒤쪽에 '용담龍潭'이라 불리는 샘에 산뽕나무가 있었다는 데서 유래한다. 현재의 건물은 명나라 때와 청나라 때 재건된 것이다.

도량은 동쪽·서쪽·중앙, 세 부분으로 나눌 수 있다. 중앙에는 역대 승려들의 부도와 기념비들이 운집해 있으며, 천왕전天王殿, 대웅보전大雄寶殿, 비로각毘盧閣이 있고, 동쪽에 큰스님이 머무는 방 장원方丈院과 청나라 때 황제가 이곳에 참배온 것을 기념하는 행궁行宮이 있으며, 서쪽에는 계단戒壇과 관음전 등이 있다.

중국 농아들이 추는 천수춤

그런데 묘한 것은 관음전이 여러 곳이라는 점이다. 분명 관음전 법당에서 관음보살을 친견하고 금방 나왔는데, 위쪽으로 대비전大悲殿이 또 있다. 이 절은 아무래도 관음전만 3곳이 넘는 것 같다.

중국인들은 불교신자가 아니라도 관음보살을 금방 알 수 있을 정도로 관음신앙이 보편화되어 있다. 자신이 불교신자가 아니라도 관음을 그들의 수호신으로 여기는 이들이 많은 것이다. 절 앞이 아닌 곳에도 불구佛具용품 가게가 더러 있고, 일반 상점이나 음식점, 공공버스에서도 관음보살상이나 사진이 있는 경우를 자주 본다. 중국인들이 관음보살을 가장 많이 섬기고 염念하는 것처럼 한국도 이 점에 있어서는 비슷하다. 반면 일본인들은 지장보살을 많이 섬긴다.

이곳에는 특이하게도 용왕전 앞에 돌로 만든 석어石魚가 있다. 이제까지 목어만 보았고 석어는 처음 보는지라 신기했다. 원나라 때 유물인

담자사 용왕전 앞 석어

데, 석어 밑에는 다음과 같은 글이 적혀 있다. "1인당 2원(한국돈 250원)을 내고 석어를 만지면 복이 생긴다."

　담자사 도량은 계태사와 비슷하게 우람한 나무가 많다. 그 중에서도 수령이 1,000년이 넘는 훌륭한 거목이 많고, 대웅보전 앞에는 천 년이 넘는 사라沙羅나무가 양쪽에 있다. 묘하게도 불교와 나무는 연관성이 많다. 인도에서 사찰이 생기기 이전 나무 아래에서 잠을 청하는 것이 계율 중 하나였다. "수행자들은 가정집이나 호화로운 곳에서 잠을 자서는 안 되고, 반드시 나무 아래에서 잠을 자야 한다."는 철저한 계율을 주장했던 사람이 제바달다[1]이다. 그만큼 불교와 나무는 많은 연관

담자사 대웅전 앞 사라쌍수

성을 가지고 있다.

　마야부인이 싯달타를 낳으러 가는 도중, 룸비니에서 무우수無憂樹를 잡고 아기부처님을 탄생하였고, 부처님이 붓다가야에서 성불하실 때도 보리수菩提樹 아래에서 선정에 들어 정각을 이루었다. 사라쌍수沙羅雙樹는 쿠시나가라 지방에서 부처님께서 열반하실 무렵, 옆에 있던 나무로서 두 그루의 나무가 부처님을 향해 기울었다고 하여 불교의 성스러운 나무로 칭한다. 그런데 그 사라쌍수가 담자사 법당 앞 양쪽에 큰 그늘을 드리워 많은 이들의 쉼터 역할을 하고 있다. 이 사라쌍수를 보니 마치 부처님의 위대한 위용을 보는 듯했다. 이 나무는 정확한 연대를 기억할 수 없으나 7~8세기 무렵 인도에서 직접 묘목을 가져와 심어 지금의 거목이 되었다고 한다.

　집으로 돌아가는 길녘 담자사 가까운 곳에 북경 지도에서 익히 보았던 서봉사西峰寺가 있다. '참새가 어이 방앗간을 그냥 지나칠 수 있으랴!' 싶어 돌아가던 중간에 버스를 내려 태양이 이글거리는 길을 1시간 넘게 걸어서 서봉사에 도착했다. 정말 북경의 여름은 그냥 더운 정도가 아니다. 화탕지옥이 따로 없다고 느낀 곳이 바로 북경이니까.

그런데 더위도 물리치며 어렵게 찾아간 서봉사는 더 이상 절이 아니었다. 옛날에는 사찰이었는데, 지금은 이름만 있고 '중국 농림자원부(?) 중심'으로 변모해 있었다. 참으로 나의 어리석음을 탓할 일이다. 서봉사란 절이 나를 오라고 한 것이 아니라 내 발로 걸어갔으니, 그 절이 없어진 것을 탓한들 무슨 소용이 있으랴. "아이고 내 다리야!"

주)
1) 제바달다는 불교에서 부처님의 뜻을 거역한 악인으로 등장하지만 실제 제바달다에 관한 기록을 보면, 철저히 계율을 지킨 두타행자라고 보는 학자도 있다. 필자는 후자 입장이다.

가르침을 바탕으로 서로 화합하고 정진하라

북경 | 운거사

비구들이여!
너희들은 저마다 자기 자신을 등불로 삼고 자기를 의지하라.
진리를 등불로 삼고 진리를 의지하라.
나의 가르침을 바탕으로 서로 화합하고 공경하라.
함께 모여 계율을 지키며, 함께 배우고 수행하라.
비구들이여!
이 세상 모든 것은 무상無常한 것이다.
게으름 피우지 말고 열심히 정진하라.

대반열반경

부처님께서 열반하시고 시간이 흐르면서 계율을 어기는 승려들이 많았고, 제자들마다 부처님께 들은 법문에 대해 제각기 다른 의견이 많았다. 이때 가섭존자를 비롯한 고승들이 '부처님 생전에 하신 가르침과 계율에 대해 문서화하자'고 해서 처음으로 결집이 성립되었다. 그리하여 왕사성 칠엽굴에서 가섭존자를 상수로 500여 명의 승려가 모여 아난존자가 경經을 송출하고 우바리존자가 계율을 송출하여 제1차 결집이 이루어졌다. 다시 100여 년이 흐른 뒤, 계율 해석 문제로 인해 2차 결집이 있었으며, 연이어 3·4결집이 이루어졌다.

또 A.D. 1세기 전부터 몇백 년간에 걸쳐 대승불교의 경전인 《반야경》, 《유마경》, 《법화경》, 《화엄경》 등 수많은 경전들이 성립되었다. A.D. 2세기 이후, 중국으로 대승불교가 처음 전해지면서 구마라집과 현장 등 수많은 역경사들에 의해 몇백 년 동안 역경사업이 이루어졌다.

이와 같이 중국에서 많은 역경사업이 있었는데, 역경된 경전을 돌에 새겨 모셔 놓은 사찰이 북경의 운거사雲居寺다. 북경 사찰을 참배하면서 경장이 보관된 운거사를 제일 먼저 참배하고 싶었지만, 너무 멀어 엄두를 내지 못했다. 안면 있는 중국인 불자에게 "운거사에 가보자!"고 했더니, 마침 그 친구도 가보지 않은 절이라고 해서 머리를 맞대고 계획을 짰다. 그러나 말이 북경 소재이지 너무 먼 곳이라 버스를 타고 간다고 해도 족히 3시간이 넘게 걸릴 장소였다. 마침 이 친구가 출발하기 전날 동생에게 차를 운전해 달라고 해서 덕분에 호강하게 되었다. 일요일 아침 북경 향산에서 출발해 가는데, 뜻밖에도 중국의 고속도로 사정

운거사 입구 '불법성'이라고 쓰인 비

이 좋았다. 출발한 지 2시간이 조금 넘어 목적지에 도착했다. 솔직히 몇 달 전부터 이곳에 오고 싶어 지도를 쳐다보며 '어떻게 그곳에 갈 것인지?' 어지간히 머리를 굴리고 굴렸었다.

운거사는 북경의 서남쪽으로 75킬로미터 떨어진 방산房山에 위치해 있는데, 북경의 제일 서남단 끝자락이다. 북경 제일의 사찰로서 '북경의 돈황'이라고 불리울 정도로 많은 경전이 보관되어 있으며, 일반 관광책자에도 빠지지 않고 나올 만큼 유명한 사찰이다.

이 절은 처음 수나라 때 창건되었다. 절 이름은 '석경사石經寺', 혹은 '서유사西裕寺'였다가 현재는 '운거사'라고 불리운다. 역사 속에서 몇 번이고 훼손을 당했는데, 그때마다 다시 불사를 하였다. 또 1930~40년대 일본군에 의해 탑과 당우가 크게 훼손되었는데, 1985년부터 불사를 하여 당우를 재건했으나 무너진 탑은 훼손된 그대로이다. 후대에 전쟁의 참혹함을 경고하기 위해서 무너진 채로 두는 것도 괜찮을 듯 싶다.

이 운거사가 유명한 것은 세계적 규모로 방대한 양의 경을 돌에 새겨 보관하고 있기 때문이다. 이곳은 거대한 돌산이 운거사를 감싸 안고 있다고 하여 석경산石經山이라고도 한다. 중국불교 역사상 황제들의 불법 비호도 있었지만, 몇 번의 법난[1]이 있었던 터라 법난에 대비하여 돌에 경을 새긴 뒤 동굴에 보관하였다고 한다.

경판은 석경산 9개 석굴에 소장되어 있는데, 이 중 유일하게 압경탑

壓經塔 지하굴만 공개하고 있다. 이 굴에는 10,082매의 경판이 있다고 한다. 석판에 새겨진 《대반열반경》, 《화엄경》, 《열반경》, 《유마경》 등 대승경전들은 수나라 때부터 정완靜琬 법사가 새기기 시작하면서 명나라 말기까지 이어졌다고 한다. 하루아침에 이루어진 역사가 아니라 1000여 년의 세월에 걸쳐서 불법장을 완성한 것이다. 그러니 80평생을 사는 인간이 몇 생을 거듭해서 완성했다고 해도 과언이 아니다. 그래서일까? 이 경들은 시대마다 조금씩 다르고 그 형태나 크기가 모두 제각각이라고 한다. 일반적으로 금나라 때와 명나라 때 조성된 경판은 조금 작다고 한다.

운거사 경내를 보면 질서정연하고 도량이 큰 편이다. 도량 내 중앙의 비로전부터 시작해서 석가전, 약사전, 미타전, 대비전이 계단식으로 연결되어 있다. 또한 비로전 가까이에 용장龍藏이 있는데, 이 용장은 북경 시내 지화사智化寺로부터 옮겨온 목장경木藏經 7,000매가 보관되어 있다.

북탑 안내판에 "사리가 모셔져 있다."고 쓰여 있길래, '사리탑을 친견한 김에 업장이라도 벗어보겠다.' 는 심산으로 열심히 합장을 했다. 그런데 가만히 생각해보니 부처님 진신사리가 중국에 이렇게 많을 리는 없고, 아마도 탑 속에 경전을 넣고 사리탑이라고 하는 것은 아닌지 정확히 알 길이 없다.[2]

대비전까지 올라간 곳에서 다시 오른쪽으로 꺾어 내려오면 역대의 돌

석경지궁 입구

탑 6기가 세월의 역경을 이겨내고 우뚝 서 있다. 이 돌탑은 역대 서법書法이나 종교 미술사를 연구하는 중요한 자료라고 한다. 이 돌탑들을 참배하고 내려오면 바로 석경이 보관된 석경지궁石經地宮인 압경탑 지하굴로 연결되어 있다. 막상 들어가서 보니 석경을 직접 볼 수는 없고, 유리창 안으로 고개를 내밀어 보는 수밖에 없었다. 참으로 장엄한 모습이다. 경전을 한 번 읽는 것도 쉽지 않은 일인데, 돌에다 하나하나 글자를 새겼을 석공의 마음을 생각하니, 게으름 피우며 팔자 늘어지게 살고 있는 내 모습이 부끄럽다.

이전에 몇 달간 중국에 있으면서 부모님과 은사스님께 전화를 한통이나 했을까? 솔직히 잊고 살았다. 아무리 승려라고 하지만 후레자식이다. 그런데 참 이상한 일이다. 이번에 한국을 다녀오면서 인간이 된 듯 싶다. 예전에는 그렇지 않았는데 이번 떠나올 때는 부모님이나 은사

석경지궁에 모셔진 경전

스님에 대한 안타까움이 마음에서 떠나지 않았다.

평생을 자식 위해 고생하고 70이 넘어 노환으로 고생하는 부친, 당신 몸마저 성치 않아 늘 힘들어하면서도 남편 뒷바라지를 해야 하는 모친을 생각하니 마음이 여간 편치 않다. 다행히 경제적으로 어렵지 않고 형제들이 있어 굳이 걱정하지 않아도 되지만, 이들이 짊어져야 할 노년의 아픔을 생각하면 가슴 한구석이 아려온다. 모친도 마음이 약해지셨는지 출국 전날 전화해서 "스님 보고 싶어서 어떡해! 나 죽으면 하루 이틀 만에 한국 들어올 수 있지?" 하고 묻는다. 아무리 승려라고는 하지만 딸이 혼자서 외국생활을 하고 있으니 당신들한테 편할 리 없으리라.

출가한 절의 은사스님도 큰 절에서 당신 혼자 고생하는 것을 보면 죄스런 마음이 앞선다. 사형사제들이 많아 굳이 신경 쓰지 않아도 되지만, 70이 다 된 노승이 혼자 감내해야 하는 고독감이 어떤 것인지를 알기 때문이다.

어느 인간인들 늙지 않고 아픔이 없을 것이며, 어떤 사람인들 허무감이 없겠는가마는 노년의 모습을 지켜보면서 왠지 인간의 삶이 서글프다는 생각이 든다. 결국 우리도 그렇게 늙고 퇴색해가건만, 젊음이 영원한 줄 착각하며 그들에게 성의를 다하지 않으니, 우리도 노년에 그렇게 당하고 살 것이 뻔하지 않은가. 인간의 삶이 허무하고 보잘 것 없기에 부처님께서 "이 세상은 무상하니 열심히 수행하라."고 하셨나 보다. 그래 이 말을 어리석은 중생들이 잊어버릴까 싶어 옛 고승들은 경전을 만들지 않았을까?

주)
1) 중국에서 삼무일종三武一宗이라고 하여 4번의 법난이 있었다. 삼무三武는 북위의 태무제(446) · 북주의 무제(574) · 당나라 무종(845, 회창년간) 때의 폐불사건이고, 일종一宗은 후주 세종(955) 때의 폐불사건이다.
2) 사리는 일반적으로 3부분으로 나뉜다. 석가모니 육신부처님에서 나온 사리를 '진신사리' 라고 하며, 경전을 '법사리', 수행한 승려에게서 나온 사리를 '승사리' 라고 한다.

중국의 설날
북경 | 법해사, 대각사

중국의 전통 명절 가운데 음력 1월 1일을 '춘절春節'이라고 한다. 옛날에는 '원일元日', '원단元旦' 등 다양하게 불렸는데 신해혁명(1911년) 이후 통일되어 '춘절'이라고 부르기 시작했다.

중국인들의 춘절 풍습은 조금 요란하다. 춘절 일 주일 전부터 대청소를 하고 홍등을 달며, 춘련春聯1)을 써 붙이기도 하고, 창문에 연화年花를 붙인다. 연화는 원래 당나라 때부터 유래한 문지방신門神의 그림을 말한다. 이는 모두 재앙과 귀신을 쫓아낸다는 의미였지만, 오늘날은 운이 들어오고 경사스러운 일이 발생하기를 바라는 의미로 바뀌었다.

춘련은 붉은 종이에 금가루를 넣거나 혹은 먹물을 사용해서 글씨를 써서 문에 붙이는 것이다. 이것도 사악한 악귀와 악운을 막는다는 뜻이다. 붉은색2)으로 '춘春' 자나 '복福' 자를 써서 붙인다. '복' 자는 거꾸로 붙여 놓는데, 복이 쏟아지라는 뜻을 담고 있다.

또한 슈퍼에 가보면, 붉은 양말·목도리·신발깔창·내복 등을 파는 코너가 따로 있다. 심지어 춘절 기간 뉴스를 진행하는 아나운서들까지 붉은색 옷을 입고 나온다. 중국에서는 자기띠 해에 빨간 내복을 입는 풍습이 있다. 자기띠 해에는 운수가 좋지 않은데, 빨간 속옷을 입으면 잡기나 액운을 물리치고 행운을 가져온다는 풍습 때문이라고 한다. 공산화된 이후 풍습을 무시하다가 최근에 이런 전통 풍습을 따르는 분위기가 확산되고 있다는 것이다.

춘절 전날인 납월 31일은 조왕신에게 제사 지낸다. 한국에도 이런 풍

붉은 글씨로 아파트 정문에 붙여놓은 춘련

습이 있다. 요즘은 잘 모르겠지만, 필자가 출가할 당시만 해도 매달 그 믐날 사찰 공양간에서 조왕단에 불공을 드렸다. 또한 전야를 '제석除夕' 이라고 부르는데, 밤새도록 자지 않고 신년을 맞이한다. 자정이 지나고 신년이 되면 가족은 연장자에게 무병장수를 기원하는 절을 올린다. 다음에 온 가족이 함께 만든 떡과 만두를 먹는다. 생선도 많이 먹는다. 생선 '어魚'자의 중국어 발음이 '위yu'인데, 그 발음이 '여餘(남을 여)'자와 같다. 재물이 풍족히 들어오라는 의미를 담고 있기 때문이다.

필자가 사는 아파트는 10층으로, 방에 커다란 창문이 있다. 춘절 기간에 창문을 통해 원도 한도 없이 불꽃을 보았다. 폭죽이 터지며 빛을 내는 장관을 보며 빨강, 초록, 보라, 노랑 등 저렇게 다양한 색깔이 있

공원에서 북경 시민들이 폭죽을 터뜨리는 모습

추석 무렵, 슈퍼에서 파는 월병

는 줄 이번에야 알았다. 중국인들은 설 전날 어두워지기 시작하면서부터 새벽까지 폭죽을 터뜨린다. 아니 설 일 주일 전부터 밤낮을 가리지 않고 터뜨렸고, 설날 3일째가 되도록 계속 폭죽소리가 여기저기서 터져 나오는데 어떤 것은 폭죽이 아니라 폭탄 터지는 소리다. 도저히 잠을 잘 수 없을 정도며 자다가도 몇 번이나 일어날 정도였다. 설 연휴를 맞아 향을 태우고 폭죽을 터뜨리는 것도 악운을 물리치고 돈과 행운을 빌기 위해서란다.

작년 추석도 북경에서 보냈는데 너무 조용했다. 그저 슈퍼에서 파는 것은 월병月餠뿐이고, 지금은 그것을 먹는 의미밖에 남아 있지 않다. 그런데 춘절에 는 13억 인구의 민족 대이동이 벌어진다. 설 첫날, 거리를 나갔더니 그렇게 복잡하던 거리가 한산하다. 공무원이나 학원 등도 일 주일은 휴식에 들어간다. 일반인은 보통 보름 동안 쉬는데, 길게는 한

월병

달까지 휴가를 받는 이도 있다고 한다. 춘절에는 온 가족이 모여서 즐거운 시간을 보내며, 한국처럼 아이들에게 세뱃돈을 주기도 한다. 물론 빨간 봉투에 담아서. 또한 일가친척이 모인 김에 결혼식을 하는 경우도 많다고 한다.

중국에 오기 전에는 공부하고 강의하면서, 7~8년을 혼자 살았다. 그 몇 년 동안 추석에 송편을 먹어 본 적도 없고, 설날에 떡국을 먹어 본 적도 없다. 아예 만들어 먹을 생각도 하지 않았지만, 워낙 인간성이 나빠서인지 주위에서 "먹었느냐?"고 물어보는 이도 없었다. 근 일 주일 가량을 조용히 혼자 지내곤 했다. 솔직히 "중이 무슨 생일을 챙기느냐?"고 하겠지만, 생일에 미역국을 먹어본 적도 없다. 그래도 외국 나가 있다고 국제전화도 몇 통 받고, 이메일로 인사도 받아보니 설 쇠는 기분이 난다. 아예 명절에는 외국에 있어야 사람 대접을 받을 것 같다.

새해 첫날 오후, 민속행사가 있으면 보려고 일부러 티베트 사찰인 옹화궁을 찾아갔다. 오랜만에 나왔더니 날씨가 제법 쌀쌀하다. 기대했던 행사는 없고, 명절인데도 사람들로 북적거린다. 그런데 그 많은 사람들이 하나같이 엄청난 양의 향을 사들고 들어와 부처님께 공양을 올린다. 아마도 정초라서 더 많은 향을 사르는 것 같다. 1시간 가량 도량을 도아보다가 출구 쪽으로 나오는데, 속이 울렁거리고 메스꺼웠다. 중국인들은 향을 한두 개 공양하는 정도가 아니라, 아예 통째로 태우기 때문에 속이 편치 않았던 것이다.

다음 날 몇몇 지인과 함께 북경 서쪽에 위치한 대각사와 법해사 참배를 떠났다.

법해사法海寺는 지금으로부터 500여 년 전 명나라 때 세워진 절로서 벽화로 유명한 곳이다. 원래 이 절은 황실 사찰로 규모가 엄청나게 컸으며 훌륭한 벽화도 많았다고 한다. 그러나 청나라를 거치면서 훼손되었는데, 이후 보수작업이 이루어지지 않았다. 현재는 산문과 북루와 종각, 대웅전과 대웅전 내의 9폭 벽화가 있을 뿐이다.

대웅전 내에는 세 분의 좌불상 후면에 세 폭의 벽화가 있다. 세 분의 부처님 머리 위에 정교한 만다라가 조성되어 있으며, 각 부처님 위에 닫집이 있다. 불단 뒷면에는 수월관음과 문수보살, 보현보살이 그려져 있다. 이 가운데 수월관음도가 최고인데, 선재동자·호법신장·앵무새·녹죽綠竹·감로병 등이 마치 사진을 찍어 놓은 것처럼 선명하고 명확하다. 이들은 모두 명나라 때 작품이다. 또한 18나한이 뒤편과 북측 담문 좌우 벽화에 그려져 있다. **북쪽 담문** 양쪽의 벽화는 '제석범천호법예불도'이다. 이 벽화에는 천왕天王, 천용팔부天龍八部, 여인 등 36인이 그려져 있다.

법해사 벽화(수월관음도)

이 벽화들은 위대한 민간 예술인이 주사와 석황石黃, 석청石靑 등 광물 안료를 사용하고 물감의 중첩, 불을 사용해 염색하고, 금으로 덧씌우는 등 창작기법이 뛰어나서 오랜 시간이 지나도록 퇴색되지 않았다고 한다. 또한 벽화의 선이 유창하고 각종 인물이나 동물, 식물 형태가 선명한 모습 그대로이다. 이 벽화들은 중국 고대회화사에서 중요한 위치를 차지한다고 한다. 작은 도량인지라 1시간여 만에 법해사를 나와 대각사로 향했다.

대각사大覺寺는 북경 서북쪽에 위치하며, 은행나무와 맑은 샘물로 유명하다. 도량 중간에 1068년 요나라 때 세워진 비碑에 '청수원자淸水院者, 유도지승幽都之勝'이라는 글자가 새겨져 있다. '맑은 물이 솟아

대각사 대웅전

나는 이곳이 그윽함의 최고'라는 뜻인데, 이렇게 비에 새겨 있을 정도로 이곳의 물은 매우 맑고 깨끗하다고 한다. 겨울에 본 대각사도 너무 좋았지만, 가을 정취를 누릴 수 있는 은행나무와 꽃이 만개하는 봄날 이곳을 찾으면 별천지 세계를 경험한다고 한다. 그런데 어찌 기약할 수 있으랴! 정들기 전에 북경 떠날 생각부터 하는데 말이다.

이 절은 900여 년 전인 요나라 때 세워졌는데 처음 이름은 청수원淸水院이었다. 명나라 때 대각사로 이름이 바뀌었고 세월이 흐르면서 거듭 중창하여, 현재 도량 내에는 건축물이 잘 보존되어 있다. 이 절은 북경 변두리에 위치해 있는데도 역대 황제들이 자주 참배올 만큼 도량의 품격이 남다르게 느껴지는 곳이다. 대각사 도량은 대략 중로中路와 북로北路, 남로南路 세 부분으로 나눌 수 있다.

중로는 산문, 천왕전, 대웅보전, 무량수불전, 용왕전이 중축선상으로 차례대로 줄지어 있다. 대웅보전에 이르니 앞에는 큰 은행나무 두 그루가 양쪽으로 드리워져 있고, 편액에는 '무거래처無去來處'라고 쓰여 있다. 순간 무엇인가로 한 대 얻어맞은 느낌이 들었다.

> 옴도 없고 감도 없는 곳에 이른 자,
> 최고의 경지에 이른 길잡이가 머무시는 곳.
> 거룩한 부처님께 귀의합니다.

용왕전과 무량수불전 중간에 위치한 소상관음과 청동관음상은 모두 명나라 때 유물이다. 3층 장경루는 가장 늦게 지어진 건물로서 중요한 건축물 중 하나이다.

남로에는 사의당四宜堂 과 게운정憩雲亭, 영요정 등이 위치해 있으며, 이들은 모두 청나라 때 건축이다.

북로에는 요사채가 위치해 있다. 그러나 이곳은 승려가 거주하지 않는 관광지 사찰로 음식점과 찻집으로 유명하다. 정말이지 북경의 으뜸가는 사찰다운 풍모와 그윽한 분위기, 저절로 선정이 깊어질 것 같은 절터에 냄새 풍기는 음식점이라니, 나도 모르게 한숨이 나온다. 그 밖에 도량 뒤편에 사리탑이 있는데, 이는 청나라 때 주지였던 가릉선사의 묘탑이다.

주)
1) 이 춘절에 써 붙이는 데서 유래되어 사회 각층으로 퍼져 나갔다. 명승고적지에 쓰여 있는 글귀를 영련楹聯, 결혼하는 신랑 신부에게 써 주는 희련喜聯, 생일 때 써 주는 수련壽聯, 장례식에서 죽은 자를 추모하는 만련挽聯, 개업식 때 써 주는 대련 등이 있다. 글귀가 좋아 몇 가지 옮겨 본다.

희련은 금비화해琴瑟和諧 동심영결同心永結 봉황쌍비鳳凰雙飛 백발도노白髮到老, 즉 신혼부부가 거문고와 비파가 조화로운 음을 내는 것처럼 둘의 마음이 영원히 함께하고, 봉황처럼 함께 춤추며 서로 사랑하고 검은 머리가 파뿌리가 될 때까지 함께 해로하기를 축원하는 뜻이다.

수련은 복여동해福如東海 수비남산壽比南山, 즉 복이 동해처럼 깊고, 수명이 남산처럼 장구하기를 축원하는 것이다. 상가 점포의 대련은 생의흥융통사해生意興隆通四海 재원무성달삼강財源茂盛達三江, 즉 장사가 잘 되어 재원이 풍부해지고, 교역과 투자가 전국 각지에 이르라는 뜻이다.

2) 중국에서 붉은색은 다양한 의미를 상징한다.

첫째, 경사와 기쁨을 상징한다. 춘절에 온통 붉은색을 사용한다. 또한 결혼식 때는 신랑 신부가 붉은색 옷을 입고 붉은색 띠를 두른다. 신방에는 붉은색 초를 밝힌다.

둘째, 흥성과 발전을 의미한다. 번창하는 것을 '홍화紅火'라고 하고 행운을 '홍운紅運'이라고 하며, 성적이 좋은 것을 '개문홍開門紅'이라고 하고, 큰 성과가 있는 것을 '만당홍滿堂紅'이라고 한다.

셋째, 군중의 호평을 상징한다. 인기가 있는 사람을 '홍인紅人', 아주 인기가 있는 것을 '홍득발자紅得發紫'라고 한다.

넷째, 아름다움을 상징한다. 아름다운 여인을 '홍안紅顔', '홍군紅裙', '홍분紅粉'이라고 한다.

다섯째, 충성스럽고 강직한 성품을 상징한다. 중국인들은 관우를 무척 좋아하는데 '관우는 자홍색의 얼굴을 띠고 있다'고 묘사하고 있다. 또 솔직하고 성실한 사람을 '홍검한자紅臉漢子'라고 한다.

산서성 (山西省 산시성)

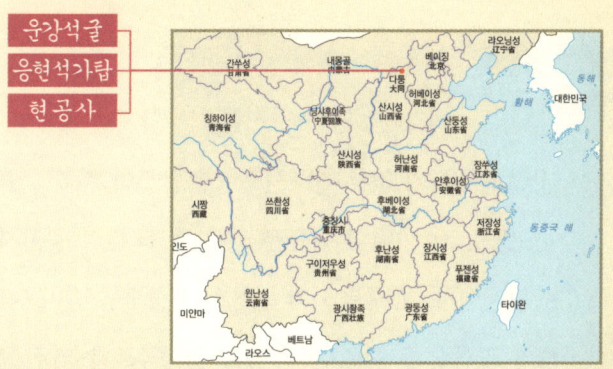

부처님의 나라
산서성 대동 | 운강석굴, 응현석가탑, 현공사

주말을 이용해 인연 있는 한국 학생들과 대동大同을 다녀오기로 했다. 마치 선택받은 날처럼 쾌청한 날씨에, 몸 상태도 더 말할 필요가 없는 컨디션으로 출발부터 순조로웠다.

해발 1,000미터의 대동은 화북華北 교통의 중심지로서 내몽골로 가는 관문이자, 한때 문화가 번성했던 곳으로 선비족의 탁발씨가 북위왕조의 도읍으로 삼았던 곳이다. 이 왕조가 남긴 운강석굴雲崗石窟은 2001년 유네스코 세계문화유산으로 등재되어 관광객의 발길이 끊이지 않는다. 북위 이후에도 요遼·금金나라에 의해 문화유산의 결실을 맺어 현재 대동은 다양한 문화를 지니고 있다.

산서山西성의 운강석굴은 돈황의 막고굴, 낙양의 용문석굴과 함께 중국 3대 석굴로 꼽힌다. 대체로 예술가들은 막고굴과 운강석굴은 아름다운 벽화를, 용문석굴은 정교한 조각을 매력으로 꼽는다고 한다.

아름다운 불교문화유산을 간직하고 있는 대동은 최근까지 탄광촌으로 알려져 있다. 그래서 '대동' 하면 석탄가루가 하늘에 그득하고 삭막한 분위기를 떠올린다. 그러나 최근 대동의 석탄산업이 사양길로 접어들어 폐광되는 탄광촌이 늘자, 실업이 급증하고 이주민이 많아지는 반면, 사우나 가라오케 등 소비문화가 막 싹트고 있다고 한다. 그곳을 다니면서 보니 폐가가 상당히 많았고, 어느 가게에서는 파리만 날리는 곳도 있었다.

첫날 우리 일행이 대동에 도착하자마자 먼저 운강석굴을 찾았다. 들

운강석굴 전경

어서는 입구부터 감동을 받아 가슴 한가득 기쁨으로 넘쳐났다. 오후 하늘은 쾌청한 날씨에 웅장한 부처님의 위상이 하늘 가득 솟아 보였다. 마침 관광객들이 많지 않아 꽤 느긋한 마음으로 부처님을 참배할 수 있었다.

운강의 주요 동굴은 사암층의 절벽을 따라 53굴이나 된다. 조각된 상은 17미터부터 불과 몇 센티미터에 이르기까지 51,000여 존尊이다. 이 석굴은 460년에 축조하기 시작하여 494년 낙양 천도 이전에 완성되었다. 그 후에도 석굴을 계속 축조하여 부처님을 조성했다. 이 운강석굴은 이민족 왕조가 남긴 석굴이기 때문에 진秦, 한漢나라의 예술 전통과 합해져서 중국문화의 또 다른 면을 감상할 수 있다.

운강석굴 입구에 들어서자 제5굴과 제6굴이 보인다. 제5굴에는 운강석굴 최대의 높이 17미터의 불상이 있다. 들어서자마자 마치 내가 오기를 기다리기라도 한 듯 부처님의 위엄과 자비가 온몸을 휘감는다. 1500여 년 풍파의 세월 동안 수많은 중생들의 아픔을 어루만지며 그곳에 우뚝 서 계셨을 부처님을 뵙는 순간, 감격해서 눈물이 다 날 지경이다.

제6굴로 옮겨가니 사람이 많긴 했지만 느낌이 사뭇 달랐다. 마치 극락세계에 온 듯했다. 수많은 부처님의 상호와 보살님의 모습이 환희로운 장관이자, 아름다운 천상의 음악이 울려퍼지는 것 같았다. 그곳은 바로 석가모니 부처님이 법을 설하고 많은 보살들과 제자들이 기쁜 마

운강석굴 내부

운강석굴 담요오굴의 부처님

음으로 법을 청하여 가르침을 듣고 있는 회상會上이었다.

제20굴의 부처님은 거대한 좌상坐像 부처님으로 근엄함과 힘, 중생의 고통을 지긋이 바라보는 아버지 같은 모습이다. 관광지이지만 불교신자들이 부처님 앞에서 기도할 수 있도록 향로와 방석이 비치되어 있었다. 제16굴부터 제20굴까지는 '담요오굴曇曜五窟'이라고 하는데, 담요라는 스님이 당시 황제인 문정제(440~465년)에게 권하여 부처님을 조성했다고 한다.

그런데 한 가지 아쉬운 것은 훼손된 불상이 많다는 점이다. 이는

1966년 문화혁명 당시 홍위병들에 의해 훼손되었기 때문이다. 사람의 손이 닿을 수 있는 곳은 예리한 창이나 도구로 구멍을 내어 부처님의 얼굴과 손등이 심하게 훼손되어 있었다. 그런 부처님 모습을 보면서 가슴 한구석이 칼로 쓸려지는 기분이 들었다.

석굴 내부뿐만 아니라 외부 벽면에도 크고 작은 수많은 부처님이 조성되어 있는데, 완전한 형상을 갖춘 불상은 그리 많지 않다. 이는 1500여 년을 흘러온 세월로 인해 자연스럽게 마모되기도 했을 테지만, 한편으로는 인위적으로 훼손되었을 것으로 보인다. 어쨌든 또 하나의 불국토를 이루고 있는 그 석굴에 오래 머물고 싶었지만, 일행과 동행한 터라 다음 기회에 참배하기로 하고 무주산武周山을 내려왔다.

그날 하루 숙소에서 잠을 청한 뒤, 다음 날 목적지를 향했다. 황량한 곳에서 두어 달 살다가 부처님 도량을 참배하게 되니 마음이 설레기까지 한다. 그런데 한참을 달리던 차가 고장이 났다. 행여나 석가탑 참배를 하지 못할까 가슴 졸였지만 다행히 30여 분 뒤 출발할 수 있었다.

목적지는 응현석가탑應縣釋迦塔이다. 어떤 여행책자에서는 목탑木塔이라고 소개하기도 한다. 그곳에 점점 가까워지면서 멀리 탑의 형체가 보이는 순간, 당당한 위상과 기품에 눈을 뗄 수 없었다. 그 형체의 아름다움뿐만 아니라, 1000여 년의 세월 동안 그 자리에 우뚝 서 있다는 사실 하나만으로도 위대한 장관이라 아니할 수 없다. 원래 명칭은 '불궁사

응현석가탑

석가탑佛宮寺釋迦塔'이다.

이 탑은 1056년(요遼나라, 청녕淸寧 2년) 불사를 이루어 현재 중국에서 가장 오래된 순수 목탑으로 알려져 있다. 높이 67.13미터의 탑은 외부에서 보면 8각 5층탑으로 보이지만 내부는 9층으로 되어 있다고 한다. 탑은 높이 4미터의 2층 대위에 만들어져 있는데 안팎 2개의 기둥과 대들보로 구축되어 있다. 묘한 점은 이 탑이 중국의 어지러운 몇 세대를 거치면서도 탑의 형체가 파손되거나 이지러짐이 없이 온전한 모습을 갖추고 있다는 것이다. 탑이 건설된 지 200여 년이 지날 무렵 그곳에 대지진이 발생해 여러 건물들이 파괴되었는데, 이 목탑만은 건재하여 지금에 이르고 있다고 한다. 참으로 대단한 위엄을 갖추고 있는 부처님의 혼이 담긴 탑이 감히 그 어떤 풍파에 무너지랴!

다음 행선지는 현공사縣空寺이다. 그런데 출발하기 전 점심공양을 하

현공사 전경

고 나오니 하늘이 뿌옇게 변하면서 갑자기 회오리바람이 분다. 금방 비가 올 듯한 날씨이다. 중국 북방의 날씨는 참으로 예측불허이다. 금방 햇빛이 쨍쨍 내리쬐다가도 바람 불고 비가 쏟아지고, 그러다가 또 언제 그랬냐는 듯이 해가 솟는다. 이럴 때마다 생각나는 것이 '사람의 마음'이다. 잠시도 여일如—하지 못하고 순간순간 변하는 마음이 중국 북방 날씨와 다름 없어 보인다. 행여나 '현공사에 가보지 못하면 어떡하나?' 내심 걱정했는데 다행히도 계획대로 진행되었다.

북경에서 두어 달 살면서 푸른 초목과 웅대한 산을 보지 못했다. 원元 왕조 이래로 세워진 수도[1]이지만, 왜 하필 이런 허허벌판에 수도를 정했는지 알다가도 모를 일이다. 허허벌판이나 다름없는 곳을 한참 달리는가 싶더니 갑자기 병풍을 펼쳐 놓은 듯 거대한 산이 눈앞에 드러났다. 사방이 깎아지른 듯한 돌산을 무대로 현공사가 눈에 들어왔다. 깎아지른 절벽에 물건이 매달려 있는 것처럼 절이 그렇게 우뚝 매달려 있다. 절 이름 그대로 허공에 매달려 있다고 해서 현공사('매달 현縣'에 '빌 공空')라고 했음직하다. 우리 일행은 그 모습에 눈을 떼지 못하고 탄성을 질러댔다. 그러더니 여기저기서 플래시를 터뜨리며 사진을 찍기 시작한다. 몇 번이나 다시 보고 사진을 찍어도 위대한 장관은 여전히 마음 속 깊이 남았다. 현공사는 북위 말기(6세기 경)에 창건되었으니, 대략 1500여 년의 역사를 지닌 곳이다.

연방 감탄사를 내지르며 현공사까지 올라갔다. 절에 도착하기 전까지도 내심으로 '막상 절에 올라가면 밖에서 보던 것보다 실망스럽겠지!' 하고 생각했다. 그런데 내 예측은 여지없이 무너졌다. 누각과 누각 사이의 높낮이가 심한데도 절묘하게 누각을 연결해 놓은 모습에 혀를 내두르지 않을 수 없었다. '신선神仙이 어디 따로 있으랴! 이 순간 구름 타고 높은 누각에 있으면, 내가 바로 신선이지!'

그런데 한 가지 의문점은, 허공에 매달린 현공사에 참배하러 오는 불자나 일반 관광객이 그렇게 많은데 그 무게를 어찌 다 이기냐는 것이다. 벌써 한국 같았으면 문화재 보존 차원에서 내부에 들어가는 것을 금했을 터인데 말이다.

각설하고, 어림잡아 법당이 5~6곳은 되어 보인다. 법당마다 오롯이 불상만 자리하고 있을 뿐, 참배할 수 있는 여유 공간이 없다. 그 중 한 군데 묘한 곳을 발견했다. 삼교전三敎殿이 바로 그것인데, 중간에 부처님, 좌측에 노자, 우측에 공자님이 모셔져 있었다. 불교와 유교, 도교의 합일을 상징하는 의미로 삼교전이 조성된 것이다.

  삭막한 북경에서 북경 주변의 관광 사찰만 다니다가 진정한 예술혼이 담긴 석굴을 참배하니 오래도록 환희로웠다.

▶▶이틀간의 행보 : 북경 → 운강석굴 → 석가탑 → 현공사

주)
1) 거란족, 여진족들이 가장 먼저 북경에 수도를 세웠다. 북방 쪽 이민족들이 한족을 다스리면서 청한 곳으로 북경은 다민족성의 문화를 가지고 있다.

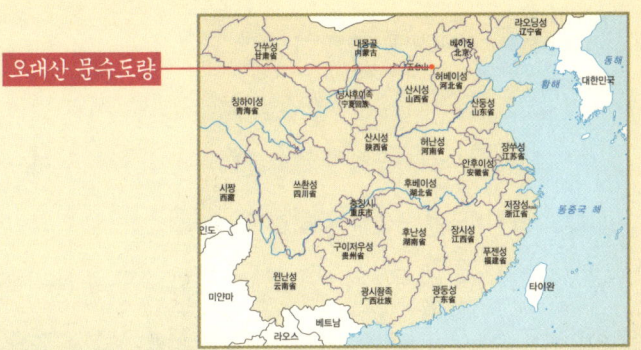

문수보살이 머무는 곳
산서성 | 오대산 문수도량 ❶

중국인들 중에 자신이 '불교신자'라고 하는 사람들은 대부분 "오대산五台山에 가 보았느냐?"를 제일 많이 물었다. 그만큼 이 산은 예부터 지금까지 중국불교의 중심 역할을 하고 있고, 한국 불자뿐만 아니라 세계 불자들도 성지순례 장소로 제일 많이 가는 곳이다.

중국은 10월 1일부터 7일까지 국경절로 일 주일간 휴일이다. 이 기간 동안 많은 사람들이 여행을 떠나니, 중국은 말 그대로 어느 곳이나 인산인해를 이룬다. 오대산을 가기 위해 며칠 동안 휴식에다 몸보신까지 하는 등 많은 공을 들였다. 중국인 진보살과 함께 오대산으로 성지순례를 떠났다. 9월 29일 밤 10시 30분발 기차를 타고 떠나 오대산 기차역에 새벽 5시 10분쯤 내렸으니, 무려 7시간이나 걸린 셈이다. 중국을 여행하면서 기차에서 하룻밤을 보내면 그만큼 경비를 줄일 수 있어, 여행객은 물론 중국인들도 밤 기차를 많이 이용한다.

진보살은 몇 달 전 우연히 사찰 앞에서 만났는데, 가끔 사찰을 순례할 때 함께 떠난다. 마흔 살의 이혼한 아줌마인데, 사천성 출신이다. 성격이 명랑하고 매사에 적극적이며, 지극한 신심을 가진 불자이다. 내가 "어느 사찰에 가자!" 하면, 절대 거절하는 법이 없다. 그녀는 "아이 러브 쓰미아오(사찰)."라고까지 외치면서, 부처님 친견하는 일에는 모든 일을 제쳐둘 정도로 신심이 대단하다.

오대산 가기 며칠 전, 진보살이 우리 집에 놀러왔다. 들어오자마자 "며칠 전 티베트의 어느 법왕을 친견했다."고 하였다. 법왕이 자신의 목에 걸어 준 흰색천(하다¹⁾)을 자랑하면서 그 법왕에 관한 DVD가 있다고 함께 보자는 것이었다. 티베트불교야 어느 정도는 익히 알고 있던 내용인데다 중국말도 정확히 알아듣지 못하는 상황이었기에 무덤덤하게 보았다. '관세음보살의 화신'이라 일컬어지는 법왕께서 가난한 중생들에게 돈과 옷을 나누어 주고 법을 설하는 장면이 주 내용이었다. 그녀는 DVD를 보는 내내 "스님, 너무 감동적이다."고 하면서 눈물까지 흘렸고, 중간중간에 관음보살 상호만 나오면 연신 합장하며 염불을 따라했다. 그러면서 가방에서 라마가 목에 걸어 준 하다를 몇 번이고 꺼내서 목에 둘렀다. 솔직히 나는 DVD 내용에 감동받은 것이 아니라, 그녀의 순수한 신심에 감동받았다. 승려 생활 이십여 년이 넘도록, 그래도 불교가 살아 있다는 한국에서조차 이런 신심 있는 불자를 만나보지 못했기 때문이다.

중국에는 4대 불교 명산이 있는데 오대산 · 아미산 · 구화산 · 보타산이다. 관음보살을 상징하는 보타산은 절강성에 있으며, 지장보살을 상징하는 구화산은 안휘성에, 보현보살을 상징하는 아미산은 사천성에, 문수보살을 상징하는 오대산은 산서성에 위치한다.

산서성山西省의 오대산은 북동부에 있는 산으로, 태원太原과 대동大同 중간 지점에 위치하고 있다. 이 산은 높게 솟아 있는 망해봉 · 계월봉 · 금수봉 · 염두봉 · 취암봉 다섯 봉우리가 있으며, 다섯 개의 산꼭대기

오대산 대회진 전경

가 평탄하면서도 광대하다고 해서 오대산五台山이라고 부른다. 다섯 개 봉우리 바깥쪽은 대외台外, 안쪽은 대내台內라고 하는데, 이 내부의 중심을 '대회진臺懷鎭'이라고 한다. 현통사顯通寺, 탑원사塔院寺, 보살정菩薩頂 등 오대산의 큰 사찰들이 이 대회진 부근에 모여 있다.

　기원전 58~75년 인도 승려가 이곳에 도량을 만들기 시작하여 사찰이 많을 때에는 200여 개가 넘었다고 한다. 현재 50여 개의 사찰이 보전되어 있는데, 매년 8~9월에 불교적인 행사가 활발하게 열리며, 문수보살 도량으로 국내외의 많은 관광객과 순례자들이 찾아온다.

　5세기 북위시대 때 산내가 시원하다고 해서 청량산淸凉山이라 불렸고, 문수보살을 섬기는 신앙은 당나라 때(618~907년) 심화되었다. 당초기에는 화엄종을 가르치는 최고 중심지가 되었기 때문에, 화엄종의 고승들과 밀접한 관련이 있던 곳이기도 하고 선종의 사찰들도 많았다고 전한다. 당나라 회창폐불 법난 때도 절도사의 도움으로 이곳은 탄압을 받지 않았을 정도로 성지聖地로서 이름이 나 있었다. 몽골이 지배하던 원나라(13세기) 때는 라마교(티베트불교)가 오대산에 처음으로 전래됨으로써, 오대산은 불교사원의 중심지이자 중국 최대의 종파가 모인 곳으로 보아도 무방하다. 또한 오대산은 중국에서 현존하는 것 중 가장 오래된 목조건축물, 불상, 보살상과 최대의 불상이나 건축물을 포함한 수많은 사찰들이 산골 기슭마다 곳곳에 흩어져 있다.

10월 29일 새벽 5시 무렵, 기차에서 내려 택시를 타고 오대산 내로 들어가는 데만도 1시간 반 가량 걸렸다. 오대산에 들어서자 태양이 막 떠오르면서 온 산을 비추는데, 그 모습이 마치 부처님의 광명처럼 느껴졌다. 얼마나 오고 싶었던 곳인지 모든 산봉우리가 극락의 연꽃처럼 아름다웠다.

첫 날

함께 동행한 진보살이 광종사廣宗寺 방장스님과 안면이 있다기에 먼저 그 사찰로 갔다. 진보살이 옆에서 도와주고 스님께서 한자로 써 주어가며 잠시 동안 스님의 법담을 들었다. 말씀을 끝내면서 스님께서 내게 물었다.

"불교란 무엇이라고 생각하느냐?"

갑자기 물으니 뭐라고 답변해야 할지 머리가 멍했다. 솔직히 중국말로 정확한 표현을 할 수 없어 더 답답했다.

스님께서 말씀하셨다. "불교란 서로서로 화평和平하고 인생을 즐겁게 사는 것이지."

잠시 후 스님께서는 손수 진보살과 나를 데리고 절 곳곳을 안내했고, 현재 불사 중인 객실 곳곳을 보여 주었다. 도량을 둘러보고 10여 명의

멀리서 본 보살정

스님들과 함께 아침공양을 한 뒤, 광종사 뒤편에 있는 보살정에 올랐다.

보살정菩薩頂은 오대산 중심부인 대회진臺懷鎭 꼭대기 봉우리에 있다고 해서 보살정이라고 한다. 이 사찰은 일주문에 들어서기에 앞서 108계단을 걸어 올라야 한다. 북위 5세기에 세워진 사찰로서 문수보살이 살았다는 전설이 전해오는데, 현재 라마교 계통에 속해 있다. 보살정은 오대산 전경을 한눈에 볼 수 있는 중심 사찰이다. 보살정에서 내려와 우리가 며칠 묵을 탑원사로 향했다.

탑원사塔院寺는 부처님의 진신사리와 문수보살 발탑이 모셔져 있는 곳이다. 진신사리탑인 대백탑(높이 75.3미터)은 오대산 어느 곳을 가도 눈에 띨 만큼 오대산을 상징하는 탑이기도 하다. 티베트 스님들도 이곳

탑원사에서 만난 티베트 비구니

에서 오체투지를 하며 기도를 많이 하는 곳이다. 탑원사는 60여 명의 스님들이 상주하고 있고, 객승도 끊임없이 드나드는 곳이다. 그런데 묘한 것은, 티베트 스님들이 이곳에서 기도는 할 수 있도록 허용하면서도 잠자는 것과 공양할 수 있는 여건은 주어지지 않는다는 점이다.

진보살과 나는 객실담당인 지객스님에게 여권을 보여 주고 방 한 칸을 빌렸다. 4평 정도 되는 방인데, 침대 2개에 화장실이 딸려 있다. 스님은 잠자리와 밥값이 모두 공짜이고, 일반인은 하루 30원(한국돈 3,800원)을 내고 머물 수 있다. 또한 스님에게는 오대산 어느 사찰이나 입장료를 내지 않고 마음대로 드나들 수 있는 특권이 있다. 한국에서야 당연하게 여기지만, 중국에서 승려로서 처음 대접받으니 기분이 묘하고 참으로 승려임이 자랑스러울 따름이었다. 공짜로 주어진 식주食住가 아니라, 승려로서 보이지 않는 규율이 사회주의국가 어느 한 곳에서 통하고 있다는 승가에 대한 자랑스러움 때문이다. 어쨌든 이 탑원사에서 자그마치 만 5일을 보냈다. 첫날 오후부터 선재동善財洞을 들러 칠보사와 보수사를 찾아갔다.

보수사普壽寺는 현재 비구니 스님이 300여 명 정도 있는데, 일반인들의 출입이 금지된 곳으로 한국으로 치면 강원이다. 화엄종 계통의 사찰로서 한국과 비슷한 체계이다. 3시 30분 기상, 4시 새벽예불, 6시 공양, 10시

보수사 노스님 영정사진과 사리

30분 점심공양, 오후 2시 화엄경 강의, 오후 7시 20분 저녁예불, 오후 10시 취침이다. 또한 율원이라서 저녁공양을 하지 않는다고 한다.

지객스님이 안내하는데, 이제까지 참배한 사찰 가운데 제일 청정한 도량이었다. 마지막으로 들렀던 곳은 몇 년 전 열반하신 노비구니 스님의 영정이 있는 곳이다. 그곳에는 스님의 영정사진과 함께 사리가 모셔져 있어, 사리를 친견할 수 있었다. 노스님의 사리를 친견하는 순간, 마음이 숙연해졌다. 10년 간의 암울한 문화대혁명(1966~1976년) 시기를 거치는 동안 승려로서의 지속된 삶도 힘들었을 터인데, 꿋꿋이 수행함으로써 많은 비구니들의 귀감이 되었다는 사실을 생각하니 마음이 울컥했다. 그 뒤부터 가능한한 불상 앞에 놓인 불전함에 보시하지 않고, 사찰 경내나 오대산 상점거리에서 만나는 비구니 스님들에게 작으나마 보시금을 드렸다.

　칠보사도 비구니 스님들이 30명 정도 생활하고 있었다. 그런데 한 가지 공통점을 발견했다. 북경 시내 통교사通敎寺도 비구니 사찰로 대중이 20여 명 정도 되는데, 이곳도 일반인들이 드나들 수 없도록 문을 잠가놓고 생활하고 있었다. 비구 사찰에 비해 비구니 사찰들이 천왕문을 걸어 잠그고 공개하지 않는다는 뉘앙스가 있다.

　그 동안 잘나가다 문제가 발생했다. 오대산은 4월이 되어야 얼음이 녹고 10월이 되면 눈발이 내릴 정도라고 하는데, 9월 말인데도 얼마나 추운지 한기가 들어 도저히 견딜 수가 없었다. 겨울 내복과 모자, 목도리까지 준비해간 것을 모두 꺼내 입었다. 낮에는 쏘다니니 그렇다 치더라도 잠잘 때는 너무 추워 잠을 잘 수가 없었다. 중국은 관공서나 학교, 병원, 오래된 아파트 등에서 11월 15일이 되어야 난방을 하도록 법으로 정해 놓았다. 중국인들은 워낙 난방이 안 되는 곳에서 생활하는 것이 익숙하지만 한국인에게는 쉽지 않다. 게다가 습하기까지 하니 실로 이곳에 온 기쁨도 잠시 고달픔이 앞섰다. 그러나 이곳에 올 수 있다는 것만으로도 부처님께 감사히 여겨야 하리니, 당연히 부수적으로 생기는 작은 난관쯤이야 감수해야 하는 것이 순례자의 기본 자세가 아닐까?

▶▶오늘의 행보 : 광종사 → 보살정 → 탑원사 → 보수사

둘째 날

첫날부터 너무 흥분하고 다녀서인지 둘쨋날은 아침에 일어나지 못했다. 오전까지 푹 자고 일어나 진보살과 함께 산내 사찰 참배를 시작했다.

현통사顯通寺는 후한시대(28~75년)에 창건된 사찰로 조사전祖師殿에 화엄종의 조사2)들이 모셔져 있는 것으로 보아 화엄종 계통임을 알 수 있다. 이 절은 명나라 때 세워진 동전銅殿과 동탑銅塔이 유명하다. 또한 선당禪堂이 따로 있는데 들어갈 수는 없었고, 현재 스님들이 수행하고 있는 것으로 보인다. 현통사를 나와 바로 옆에 있는 나후사羅睺寺에 들어가니 너무도 조용했다. 이곳에는 대전大殿에 나무로 만든 연꽃 속에 안치되어 있는 부처님이 계셨는데, 연꽃 속에 파묻힌 불상을 처음 보아서 그런지 아름다워 보였다. 나후사에서 20여 분을 걸어 수상사에 들렀다.

현통사 비로자나불

나후사 대전에 안치된 불상

향 크기가 사람 키만하다

　수상사殊像寺에 들어서니 이 사찰은 분명 선종사찰이라고 하였는데 지나치게 기복적이다. 기도객들이 보시한 가격에 따라 향 크기를 결정한 뒤, 스님들이 직접 데리고 다니며 대향로3)에 향을 꼽도록 도와주고 있었다. 현재 중국은 여러 종파가 있지만 오대산에 있는 사찰 대부분은 중생들의 복을 빌어 주는 기복성이 심한 것 같다.

　하기야 사회주의 국가에서 이만큼 불교가 살아남은 것도 대단한데, 그 이상을 바란다는 것은 어불성설이다. 어쨌든 한국불교는 그래도 살아 있음을 느낀다. 한국불교도 기복성이 있다고는 하지만, 그래도 요즈음은 공부하고 수행코자 하는 뛰어난 불자들이 많기 때문이다. 수상사를 나와 30여 분을 걸어서 보화사에 도착했다.

　보화사普化寺는 염불과 참선을 겸한 사찰이라고 하는데, 염불종 계통의 사찰로 보인다. 한참 도량을 돌며 절을 하고 있는데, 어디선가 목탁소리가 들렸다. 소리가 나는 곳으로 가보니 20여 명의 스님들이 제사를 지내는 듯 했다. "나무아미타불" 염불소리를 들으면서 한참을 밖에 서 있었다. 안내문에 염불을 배우고 공부하는 수업 시간표가 붙어 있는 것으로 보아 나름대로 염불과 선을 겸한 수행터임을 알 수 있다. 진보살이 어디서 왔는지 내 곁에 서서 염불을 따라하고 있었다. 아무튼 대단한 불자이다.

오대산 오기 일 주일 전, 진보살이 불자인 친구를 데리고 우리 집에 오겠다고 했다. 잠시 후 그녀 친구는 30대 후반 노처녀인데 어머니까지 모시고 왔다. 오자마자 한국 신도들처럼 삼배를 올리겠다고 해서 겨우 일배를 주고받았다. 내 중국어 실력이 짧다보니, 몇 가지 불교에 관한 얘기가 고작이었다. 그 와중에 진보살은 나에 대해 소개를 하는데, "스님은 오후 불식不食할 만큼 훌륭한 스님"이라고 하면서 나를 격찬하는 것이었다.

솔직히 중국에 와서 활동하는 시간보다 앉아 있는 시간이 많고, 음식은 너무 기름져서 저녁까지 먹으면 소화가 잘 안 돼 저녁을 먹지 않는 날이 많았다. 진보살에게 "주로 저녁을 먹지 않는다."고 했지, 굳이 "계율을 지키는 율사"라고 한 적은 없는데, 그녀는 자기 방식대로 판단하고 있었다. 어쨌든 속이 조금 뜨끔했다. 그렇다고 저녁 안 먹는 이유를 솔직히 표현하면 그녀가 실망할까 싶어, 내가 위선자로 남기로 했다. 그런데 함께 오대산에 왔으니 거짓말이 탄로나는 것은 시간문제이다. 그래서 "지금은 여행 중이니 공양을 안하면 안 된다."고 그럴싸한 거짓말을 해가며 위기를 모면했다.

부처님 당시는 승려들이 사시(오전 10시)에 공양을 한 뒤, 오후에는 이[牙]로 씹는 공양을 하지 않았다. 인간은 한 끼 식사만 해도 살 수 있고, 세 끼를 다 먹는다는 것은 몸 속에 음식의 독소를 남기는 일이다. 이 오후불식은 다음날 정신을 맑히는 역할까지 한다. 남방불교권 스님들과는 다르게, 중국이나 한국 등 북방불교권 스님들은 '약식藥食'이라는 이름으로 저녁공양을 한다. 하지만 공기 좋고 물 맑은 곳에서 수행만 한다면 가능한 일이겠지만 한국의 도심에 사는 학승이나 사찰을 운영하는 스님들에게는 이 오후불식이 맞지 않을 수도 있다.

 남방불교권 스님네들은 북방불교권 스님네들이 오후불식을 안 하고 있어 계율을 지키지 않는다고 비난한다. 그러나 남방불교권 스님들은 육식을 하니 저녁을 굶어도 새벽에 배가 고프지 않겠지만, 채식을 위주로 하는 북방불교권 스님들은 배가 너무 고프다. 채식으로 공양하면, 공양하기 1시간 전부터 허기가 진다. 필자도 미얀마에서 수행을 해보았지만, 나름대로 한국스님네들이 저녁공양을 하지 않을 수밖에 없는 이유가 있다. 그러니 서로 다른 문화적인 토양 아래 형성된 타지역의 불교를 내 나라의 불교와 같지 않다고 해서 비난하는 것은 어리석은 짓이다.

▶▶오늘의 행보 : 현통사 → 나후사 → 수상사 → 보화사

주)
1) 환영과 존경의 표시로 상대방의 목에 걸어 주거나 신성한 곳에 걸어 두는 흰색의 천이다.
2) 1조 두순 - 2조 지엄 - 3조 법장 - 4조 징관 - 5조 규봉종밀. 화엄종과 화엄종 승려에 대해서는 2권 『떠남』편에 글이 전개된다.
3) 한국처럼 불단에 있는 작은 향로가 아니라, 법당 밖에 다양한 크기의 큰 향로이다.

오대산 문수도량

문수의 원력으로 대해를 이루는 승가
산서성 | 오대산 문수도량 ❷

용천사 삼문식 패방

셋째 날

용천사龍泉寺는 샘물이 좋아 이 물만 마시면 만병이 낫는다고 할 정도로 유명하단다. 나는 이 말에 사천왕문 들어가기 전 물을 한 됫박이나 마셨다. 절에 들어가려면 108계단을 올라야 하는데, 초입에 세워진 삼문식 패방 장식은 너무도 화려하고 위용이 넘쳐 눈을 떼지 못할 정도였다. 용천사 대웅전에 들어가니 법당 내부 사면으로 18나한이 모셔져 있는데 그 나한상들이 너무 익살스러웠다. 법당 내에서는 사진 촬영이 허용되지 않지만, 스님이 졸고 있는 틈을 타서 익살스런 나한님 두 분을 찍었다. 순간 스님이 눈을 뜨고 돌아보는데 시침을 떼고 '걸음아, 날 살려라.' 한참을 줄행랑쳤다. 용천사에서 버스를 타고 가다가 내려서 30분을 걸어 남산사로 향했다.

남산사南山寺는 언덕배기에 위치해 있는데, 멀리서보니 일대 장관인 것이 마치 《법화경》에 나오는 화성化城같다. 이 절은 원나라 때(13세기) 창건된 사찰로서 사리탑이 있고, 남산사 바로 위쪽으로 우국사가 붙어 있다. 남산사는 도량이 크지는 않지만 고즈넉한 맛을 지니고 있었고, 그 모습이 마치 어릴 적 시골 할머니 집에 온 것처럼 편안하고 넉넉해 보였다. 대웅전 안에 앉아 있어야 할 스님은 관광객과 장기를 두느라 여념이 없다. 또 한 스님은 옆에 서서 훈수까지 두었다.[1] 남산사를 나와 우리가 머물고 있는 탑원사까지 와서 점심공양을 하였다.

그런데 묘한 것은 중국 음식은 기름기가 많아 잘 맞지 않는데, 사찰에서 먹는 공양은 달랐다. 기름기가 많기는 마찬가지지만, 한국에서 먹는 것과 조금도 다름이 없었다. 밥과 반찬인지 찌개인지 알 수 없는 반찬 한 가지로 공양을 하는데 소식疏食이다. 중국 음식은 세계적으로 유명하지만, 서민들이 먹는 음식은 참으로 보잘것없다. 내가 중국에서 배운 것 중 하나는 바로 밥 한 그릇과 반찬 한두 가지로 식사를 하는 것이다. 점심공양 후 잠시 휴식을 취한 뒤, 또다시 참배할 사찰을 향해 출발했다.

벽산사碧山寺는 탑원사와 꽤 먼 거리여서 택시를 타고 올라갔다. 벽산사는 마치 한국 남원의 실상사와 비슷한 인상을 주었다. 이곳은 북위시대(5세기)에 창건되었다고 하니 오대산에서 오래된 사찰 중의 하나이다. 예전에는 스님들이 제일 많이 살았다고 하는데, 현재는 대중이 40여 명이라고 했다. 마침 도량 내에 있는 한 작은 공간에서 "나무아미타불" 염불소리가 끊이지 않았다. 그곳에 가보니 6~7명의 스님들이 함께 염불을 하는데, 염불소리가 어제 들었던 염불과는 또 달랐다. 한국과 마찬가지로 목탁과 요령(한국의 요령과는 형태가 다름)을 사용하여 염불했다. 중국의 염불소리는 사찰이나 종파에 따라 염불하는 방법이나 염불제가 조금씩 다르다. 하다못해 '나무아미타불'도 사찰마다 조금씩 그 톤이 달리 들린다. 그런데 알고 보니 스님 한 분이 열반하셨는데, 끊임없이 돌아가면서 3일간 '나무아미타불' 염불을 한다고 했다. 잠깐 들어가 20여 분 동안 함께 합장하고 서서 스님의 왕생극락을 빌었다. 그곳에서 나와 한참을 걸어나와 자복사에 도착했다.

자복사慈福寺는 보살정 뒤편에 위치해 있는데, 입구에 들어서서 한참을 멍하게 도량을 쳐다봤다. 어느 전생에선가 이곳에서 살았던 느낌이라고 할까. 도량을 둘러보고 법당 부처님을 친견하고 나오는데, 법당 앞 귀퉁이에 오래된 고행상이 하나 있고 작은 향로가 있다. 그 모습을

자복사 도량

자목사 대웅전 앞 고행상

보는 순간, 아무리 사회주의 체제라고는 해도 고행상을 모실 만큼 수행코자 하는 스님이 있다는 데 마음이 뿌듯했다. "나무아미타불!" 하기야 어느 안전이라고 부처님 법이 흐르지 않으랴! 이 사찰은 19세기 초에 세워졌는데, 지금까지 그 모습 그대로 보존되어 있다. 마치 서산 개심사에 온 듯한 착각이 들 정도였다.

한국 불자들은 지나치게 불사가 잘 된 인위적인 사찰보다는 옛날 모습 그대로 보존된 고풍스런 사찰을 좋아한다. 자신들은 수세식 화장실에 최대한 편리한 구조의 집을 원하면서, 스님들은 불편해도 불사가 안 된 고풍스런 곳에 살기를 원한다. 나는 이 점에 대해서 조금 불만이었다. 그런데 나도 마찬가지였다. 오대산 사찰을 다니면서 지나치게 인위적으로 불사가 잘 된 곳보다는 불사가 되지 않았어도 고풍스런 맛을 지닌 도량이 좋았으니 말이다. 참으로 인간이란 이중성의 화신임에 틀림없다.

▶▶오늘의 행보 : 용천사 → 남산사 → 우국사 → 벽산사 → 집복사 → 자복사

중국 최고의 목조 건축물인 남선사 대웅전

넷째 날

넷째 날은 오대산을 벗어나, 오대산 들어오는 중간에 위치한 오대현(오대산에서 2시간 거리)의 일곱 개 사찰(남선사·존승사·불광사·청량사·남제동보제사·금각사·진해사)을 돌아보기로 하였다. 그곳은 하루를 소비하는 거리인지라 차를 빌려야 하는데, 4인승 한 대 대여료로 중국돈 280원(한국돈 36,000원)을 요구했다. 그러자 진보살은 너무 비싸다고 가지 않겠다는 것이다.

"당신은 중국인이니 마음만 먹으면 또 올 수 있지만, 나는 외국인이니 내 인생에 처음이자 마지막이 될 수도 있는 일이다."고 하며 달랬지만 소용 없었다. 돈 몇 푼 때문에 기회를 놓칠 수는 없었고, 솔직히 혼자 다 부담하더라도 같이 가고 싶었다. 그녀가 경제적으로 어려움을 겪고 있는 것은 알지만, 이렇게까지 나오리라고는 미처 생각하지 못했다.

마침 그곳에 가겠다는 일행이 있어 그들과 함께 떠났다. 마침 차도 4인 승인데다, 진보살에게 함께 가자고 하면 그녀의 자존심을 건드리는 것 같아 그냥 떠났다. 일행 세 명은 모두 한 가족으로 거사님은 화가였는데 불심이 대단했다. 하루를 함께 보내는 동안 참 편안함을 주는 사람들이었다.

남선사南禪寺는 오대산을 출발해서 2시간 반 가량을 달리고도, 기사가 몇 번이고 물을 정도로 인적이 드문 곳에 위치해 있었다.

남선사에는 승려가 없고 관리인이 있었다. 대웅전과 요사채 하나로 도량은 매우 작고, 대웅전 앞에서는 대추를 잔뜩 말리고 있었다. 이 대웅전은 목조 건축물로 중국 최고 最古인 당나라 때 건축물이다. 또한 대전 안에 있는 불상, 문수보살, 보현보살, 기타 보살님들은 돈황 막고굴의 소상塑像들과 일치

남선사 대웅전에 있던 목탁

한다고 한다. 사진을 찍고 싶었지만 관리인이 떡 버티고 서 있어 차마 찍지 못했다. 순간 '눈으로 보되, 가슴 속에 영원히 간직하리라' 고 굳게 마음먹고 마음의 눈으로 사진을 찍었다. 그때 마음에 찍힌 불상과 보살상은 지금도 선명하게 내 뇌리에 살아 있다.

잠시 둘러보고 돌아서려는데 불단 앞에 낯익은 한국 목탁이 하나 놓

여 있었다. "한국불교 조계종… (아무개)…." 라고 쓰여 있는데, 이름은 정확히 보이지 않았다. 나는 이 목탁을 치면서 반야심경 한 편을 독송했는데, 그 감회가 이루 말할 수 없다. 이 사찰은 오대산과 먼 거리에 있어 찾기가 쉽지 않을 터인데, 어느 한국인 승려가 이곳 부처님을 참배하고, 누구라도 한국인 승려가 이곳에 오면 부처님전에 염불 한마디 하라고 목탁을 두고 갔을, 이름 모를 스님께 감사했다. 이 사찰을 나와 1시간 가량을 달려 존승사에 도착했다.

존승사 도량

존승사尊勝寺는 한눈에도 억압적일 만큼 거대한 도량이다. 이번에 참배한 사찰 가운데 규모나 도량 정비가 가장 잘 된 곳이다. 이곳은 승려가 직접 참배온 관광객들한테 안내를 하였다. 도량 곳곳에서는 스님들이 빨래도 널고 장기도 두며 말 그대로 평온하다. 안내를 받는 도중 티

불광사 대불전

불광사 대불전 내부 불상과 보살상

베트 라마승도 참배했고, 사찰 방장스님도 뵈었다. 그런데 사찰을 나오면서, 잘 정비된 도량임에도 불구하고 무어라고 표현하기 어려운 어색함이 마음을 찜찜하게 했다. 또 한참을 달려 불광사에 도착했다.

불광사佛光寺는 북위시대 5세기에 처음 세워진 사찰이다. 대불전大佛殿은 당나라(857년) 때 건축물로 중요 문화재일 뿐만 아니라, 벽화나 불상 등도 당나라 때 유물이다. 대불전 옆에는 조사탑祖師塔이 있는데, 북위시대 때 만들어진 2층 6각형의 작은 탑으로, 1층 내부에 조사상이 안치되어 있다. 그런데 5세기에 만들어진 탑이라면 귀중한 문화재일 터인데, 문화재 보존 차원이 아닌 하얀 페인트로 전면을 칠해 놓았다. 하기야, 내가 한탄한들 무슨 소용이 있으랴.

금각사金閣寺는 당나라 때(770년) 창건된 사찰로 도량과 법당이 너무 커서 마치 궁궐에 들어온 느낌이다. 게다가 불사가 너무 잘 되어 있어, 중국 미술의 화려함을 엿보는 듯하다. '대원경지大圓鏡智' 라고 쓰여 있는 큰법당 내부는 단청을 한 것이 아니라 보살상과 불상들이 입체적으로 조각되어 있다. 이 사찰의 정전正殿 내에 있는 관음상은 오대산에서 가장 큰 보살상인데, 관음의 32개 손에는 활·화살·감로병·뱀 등 다양한 물건을 들고 있는 모습이 특이했다. 정말이지 한참을 보고 또 보면서 감탄했다. 이날 마지막으로 진해사에 들렀다.

진해사鎭海寺는 18세기 초 창건된 사찰로, 티베트 승려들이 대부분이다. 하기야 오대산 사찰을 참배하면서 느꼈지만, 몽골·한족·티베트 승려들이 함께 어우러져 수행하는 곳이 많다. 진해사도 현재 라마계통의 사찰로 오대산 사찰 가운데 라마풍이 강하게 느껴지는 곳인데, 여러 종족의 스님들이 어울려 생활하고 있다.

아무튼 중국은 다양성의 나라이다. 승복만 해도, 한국 승려는 회색 승복에 자주색 가사가 일반적으로 통일된 반면, 중국 스님들은 노란색·황색·회색·자주색·초록색 등 승복과 가사가 매우 다양하다. 그런데 멀리서 보고도 국적을 불문하고 서로 승려인 줄 알아본다. 경전에 '승가僧家'를 '대해大海'에 비유하는 부분이 나오는데, 이 말을 여기서 비로소 실감하게 되었다.

▶▶오늘의 행보 : 남선사 → 존승사 → 불광사 → 금각사 → 진해사

다섯째 날

 원조사圓照寺는 현재 밀종 계통의 사찰로 50여 명의 승려가 거주하고 있다. 명나라 때 인도 고승 실리사室利沙가 이곳에 와서 불법을 펴고 절을 세웠다고 한다. 도량 중간에는 그의 사리탑이 있다. 사리탑 옆 금강전金剛殿에서 20여 명 스님들이 모여 함께 염불을 하고 있었는데, 그 모습을 보고 한동안 넋을 잃고 서 있었다. '나는 왜 대중과 함께 있지 않고 혼자 이곳에 서 있나…'

 대라정黛螺頂은 산 정상에 위치해 있어 2시간을 걸어 올라갔다. 명나라 때(15세기) 세워진 절로서, 높은 곳에 있다보니 풍경이 아름답고 많은 관광객과 신도들로 늘 북적거린다. 막상 산문에 들어서니 보이는 것은 오직 사람들 머리뿐이다. 그만큼 인산인해를 이루고 있는데 얼마나 정신이 없는지, 법당은 들어가보지도 못하고 밖에서 합장만 하고 도망치듯 그곳을 내려왔다.
 오대산 여러 곳을 돌아보았는데, 들른 곳곳마다 사찰 도량과 부처님이 눈에 선하고 너무도 그립다. 오대산은 지혜로 어리석은 중생들을 아우르는 문수보살이 시퍼렇게 살아 있는 거대한 도량이다. 그곳은 유명 사찰 외에도 골 기슭마다 작은 사찰과 탑이 있고, 일반인들이 살다 버리고 간 집에도 티베트 승려가 머물고 있었다. 한편 티베트·태국·일본·몽골·한국 등 각국의 승려와 불자들을 만날 수 있는 아지트를 발

오대산 주변에 있는 소박한 탑

대라정의 몽골 스님들

견한 것에 마음이 뿌듯하다. 앞으로 불교도들의 귀의처로서, 나아가 세계인의 영원한 성지聖地로 거듭나기를 바래본다.

▶▶오늘의 행보 : 원조사 → 대라정

주)
1) 대체적으로 중국의 사찰들 중 관람객이 많이 오는 사찰에는 스님들이 법당에 앉아 있다가 불자나 관광객이 법당에 들어와 절을 하고 있으면 종을 쳐주면서 염불을 한다. 특히 불자들은 스님의 염불과 축원 때문에 자발적으로 불전을 놓지만, 차마 그냥 나오지 못하고 억지로 불전을 놓는 관광객도 있다.

대단한 중국인들
산서성 태원 | 숭선사, 쌍탑사

진보살은 오대산에서 더 기도를 하고 나는 태원太原으로 여행을 떠나기로 했다. 진보살과는 북경에서 다시 만나기로 약속하고 기약 없는 여정이 시작되었다. 오대산에서 태원까지 4시간 가량 소요되는 고속버스를 탔다. 이 정도는 중국에서는 가까운 거리이다. 문제는 버스가 너무 형편없었는데, 햇빛이 차 내부를 환히 비추는데도 커텐 하나 준비되어 있지 않았다. 얼마를 달리자 차 안에서 담배를 피우는 사람이 늘어났다. 중국 남자들은 정말 염치가 없다. 작은 차 안은 완전히 쓰레기장이다. 사람들이 음식을 먹고 그냥 바닥에 내던진다. 북경에서도 자주 보았지만, 차 안에서 담배를 피우고 창문 밖으로 담배꽁초를 버리거나 휴지를 버리는 사람이 부지기수이다. 또 웬 인간들이 그렇게 아무데서나 가래침을 뱉는지 알다가도 모를 일이다. 어느 사찰의 법당 관리인은 법당 주위를 돌면서 가래침을 뱉기도 한다.

  한참을 달리는데 승객의 강력한 요구에 차가 잠시 멈추었다. 한국처럼 휴게소에서 머무는 것이 아니라 주유소에서 멈추었는데, 화장실에 가거나 담배를 피우기 위한 것이다. 여자 화장실은 재래식으로 변기 두 개가 설치되어 있는데, 문이 없었다. 먼저 볼일을 보기 위해 들어갔는데, 문 앞에서 차례를 기다리듯 여자들이 볼일 보는 내 앞에 줄지어 서서 기다리는 것이었다. 당황스럽기도 하고 기가 막혔지만 그들의 방식이니 어찌하랴. 볼일을 보고 옷을 추스르는데 앞에 서 있는 중년 여인이 내려와서 얼른 추스르라는 눈빛으로 나를 노려보는 것이 아닌가! 아

중국은 문없는 화장실이 많다

무리 누구에게나 똑같이 일어나는 생리적인 현상이라고는 하나, 그래도 감춰야 할 것은 감추고 사는 것이 인간의 기본이 아닐까? 아무튼 대단한 민족이다.

차를 탄 지 4시간이 훨씬 넘어 오후 5시 무렵, 태원에 도착했다. 태원의 기차역 부근에 숙소를 정했다.

이튿날 아침 일찍부터 지도를 보고 계획을 짰다. 그러나 태원은 참배할 사찰이나 관광할 곳이 많지 않았다. 일단 참배할 사찰을 먼저 정했다. 마침 기차역 부근에서 얼마 되지 않은 거리에 숭선사가 있었다. 나는 30분을 걸어서 숭선사에 도착했다.

숭선사崇善寺 입구에 도착하니, 불자들이 많이 드나드는 곳인지 불교용품점이 있고, 도량 내에도 사람들로 북적였다. 도량 규모는 큰법당과 요사채로 그리 크지는 않다. 이 사찰은 당나라 때 창건되어, 명나라 때부터 숭선사로 불렸다. 명나라 주원장의 셋째 아들인 진공왕이 자신의 어머니를 모시기 위해 절을 증축하였다고 한다. 대비전大悲殿에는 천수천안관음보살과 천비천발문수보살이 모셔져 있다. 이 관음보살 상호

숭선사 도량

가 너무 좋아 사진을 한 장 찍고 싶은데 스님께 들키면 어쩌나 싶어 전 전긍긍하다 사진은 찍지 못하고 관음보살상을 이모저모 뜯어보았다. 법당에서는 신도들이 염불을 하고 있었는데, 부처님을 향해 염불하는 것이 아니라 뒤돌아서 하고 있었다. 가만히 보니 법당 내부에 큰 기둥이 두개 있는데 기둥에 경전 내용이 붙어 있었다. 보살님들은 기둥을 한 바퀴 돌면서 경전을 독송하고 있었던 것이다. 어쨌든 한국에서 볼 수 없는 일이니 재미있다.

　숭선사는 관음보살상 외에는 유물도 없었고 도량도 그리 크지 않았다. 숭선사에서 걸어 5분 거리에 산서성 박물관이 있는데, 들어간 지 채 20여 분도 되지 않아 밖으로 나왔다. 나에게는 사찰 외에는 별 관심이 없었기 때문이다. 박물관에서 나와 택시를 탔다. 지도상에 숭선사에서 쌍탑사까지의 거리는 얼마 되지 않았는데, 중간에 차가 막혔다. 기사에게 "매일 이렇게 차가 막히느냐?"고 물었더니, 그렇다고 했다.

　태원은 역사적으로도 전쟁의 중요 지점이었으며, 교통의 요지로서

중국 불교신자들의 기도하는 모습

현재도 산서성의 성도省都이다. 당나라 때의 측천무후, 시인 왕유와 백거이, 『삼국지연의』의 저자 나관중이 이곳 출신이라고 한다. 필자의 무지한 소견으로 보아도, 태원은 앞으로 계속 발전하는 중요 요지로서 대도시로 성장할 가능성이 크다고 여겨진다.

얼마 후 쌍탑사雙塔寺에 도착했다. 절 입구에 도착하니 영조사永祚寺라 쓰여 있었다. 원래는 영조사인데 두 개의 탑이 우뚝 서 있어 보통 '쌍탑사'라고 불린다. 이 사찰은 현재 스님이 거주하지 않고 입장료를 두둑이 받고 있는 일종의 공원이나 다름 없다. 사찰 내부로 들어서니 큰 도량에 잘 꾸며진 정원과 웅장함이 그 옛날 화려한 영광을 누리며 수많은 승려들이 수행하고 법담을 나누었을 모습이 눈에 선하다. 일단 정원을 거쳐 20여 개의 계단을 올라서 쌍탑에 이르렀다. 벽돌로 만들

쌍탑

어진 그 웅장한 자태에 감탄이 절로 나왔다. 2개의 탑 모두 8각 13층인데, 탑 안에는 계단이 있어서 최상층까지 올라갈 수 있었다. 올라가는 중간중간에 벽돌 사이를 통해 바깥을 볼 수 있어 탑을 오르는 묘미가 더했다.

태원에서 오전 내내 시내를 배회하면서 다음 여행지 계획을 짰지만 별로 신통치 않다. 하루를 태원에서 머무느니 차라리 대동大同으로 가는 것이 나을 듯 싶다. 이전에 대동을 다녀오긴 했지만, 여럿이 함께 가는 바람에 정작 내가 가보고 싶은 곳을 들르지 못했기 때문이다. 기차표를 구할 수 없으니, 이런 때는 기차역 부근에서 편법으로 운행하는 차를 이용하면 된다. 한국으로 치면 명절 때 기차표를 못 구한 이들을 위해 봉고차나 작은 차가 그 지역까지 운행하는 경우와 비슷하다.

기차역에 도착하니, 마침 차 한 대가 대동을 가는데 3시간이면 도착한다고 했다. '이게 웬 횡재냐!' 싶어 50원(한화 6,500원)을 내고 차에 올랐는데, 차 안에서 무려 1시간을 넘게 기다린 후에야 비로소 출발할 수 있었다. 그런데 웬걸? 차는 1시간 반 가량 온 동네방네를 다 돌더니 흔주炘州라는 지역 시외버스터미널에 세우는 것이었다. 그러면서 차장이 하는 말이, "대동 가는 차표를 끊어 줄 테니 차를 바꿔 타라."는 것이다. 그때서야 속았음을 알았다. 그 차는 대동 가는 것이 아니라, 휴가 때 편법으로 태원 외곽지역을 도는 미니버스였다.

화가 머리끝까지 치밀었지만 어쩔 수 없는 노릇. 정말 중국인들 상술에 기가 막히지 않을 수 없었다. 결국 대동 가는 버스 안에서 다시 1시간 반을 기다린 끝에 출발할 수 있었다. 대동에 도착할 무렵 안내원이 "표를 보자."고 해서 보여 주니, 그 표는 대동행이 아니라 대동 이전에 내려야 하는 표라는 거였다. 결국 벌금까지 냈다. 목적지까지 4시간이면 넉넉히 도착할 수 있는 거리를 무려 7시간이나 넘게 걸려 밤 늦게 도착했다. 진정한 선진국이란 국민들이 경제적인 부뿐만 아니라 도덕성과 문화까지 겸비해야 한다는 사실을 새삼 깨달았다. 우리 한국도 경제부흥을 할 때 이러지는 않았을까? 아무튼 대단한 중국인들이다.

▶▶오늘의 행보 : 숭선사 → 쌍탑사 → 대동

비 내리는 여행길
산서성 대동 | 화엄사, 선화사

일본의 소설가 무라카미 하루키는 "여행이 나를 키웠다."고 말할 정도로 유달리 여행을 좋아한다고 했다. 그는 아무 계획도 없이 배낭 하나 달랑 메고 훌쩍 떠나는 여행을 좋아하는데, 여행에서 풍부한 정신적 고양과 새로운 세계를 얻는다는 것이다. 또한 글을 쓰는 데 새로운 원동력을 발산케 하고 눈물 흘리게 하는 매개체가 여행이라고 그는 말한다.

나 역시도 여행을 좋아해서 늘 어디론가 떠나고 싶어 안달하며 기차 소리만 들어도 우수에 젖곤 했다. 내가 좋아서 한 일이긴 하지만, 그 놈의 공부 때문에 10년 넘게 서울에 살면서 쉽게 떠나지 못했었다. 그 10년이란 세월은 승려생활 내내 밑바탕이 되고, 또 앞으로도 꾸준히 공부할 터전을 만들었기 때문에 후회는 하지 않는다.

여일하지 못한 쓸데없는 잡념과 여행의 기쁨으로 창밖을 내다보면서 흔주라는 지역에서 버스를 탄 지 4시간 만에 대동大同에 도착했다. 내일 참배할 화엄사는 대동 중심부에 위치하는데, 그 근방에 숙소를 구하려니 방값이 너무 비싸다. 한국돈으로 4만원 정도인데, 가난한 여행객에게는 터무니없는 가격이다. 다시 차를 타고 중심부를 조금 빗겨나서 보니, 나름대로 괜찮은 가격에 방을 구할 수 있었다.

다음 날은 새벽부터 서둘렀다. 짐 정리를 다 해 놓고, 오전 7시에 화엄사로 향했다. 중국인의 장점 중 하나는 '참 부지런하다'는 점이다. 일반적으로 관광지는 오전 8시에 개표를 시작하고, 일반 상점도 그 시간이면 거의 대부분 문을 열고 손님을 맞이한다. 당연히 저녁에는 일찍 잔다. 북경 시내도 저녁 8시만 되면 거리가 한산하고, 어느 버스는 8시가 막차인 경우도 있다.

화엄사는 대동 중심가에 위치하고 있는데, 그곳에 도착하니 시간이 너무 일러서인지 문이 잠겨 있었다. 간단히 요기를 하면서 절 문앞에 쭈그리고 앉아 문이 열리기를 기다렸다.

화엄사華嚴寺는 당나라 때 창건되어 당시 화엄종 5대 사찰 중의 하나였다고 한다. 당나라 말 회창폐불 법난 때 불타 없어졌으나, 요나라 때

상화엄사 당우

상화엄사 대웅전의 익살스런 용마루

중창되어 요나라 왕실을 위한 사찰이기도 했다. 이후 금·명·청나라 때 몇 번의 불사를 이루어 지금의 사찰 규모를 유지하고 있다. 이 화엄사는 명나라 때 상하上下로 나뉘어, 상화엄사와 하화엄사로 산문山門이 각각 설치되었다.

상화엄사 법당을 들어갔더니 중국 사찰 대부분의 법당이 어둡기는 하지만, 날씨 탓인지 그날은 특히 어두웠다. 법당 거사님이 큰 손전등을 주기에 비추어 보았더니 불상과 보살상, 탱화 등이 희뿌연 먼지로 쌓여 있기는 했지만, 그 장엄한 모습이 마치 부처님 회상에 온 듯했다. 법당을 나와 멀리서 대웅전 용마루를 바라보니, 용마루가 용龍의 형상이기는 한데 조금 재미있게 세워져 있다. 마치 악어같기도 하고 수탉같기도 한 용의 형상은 익살스러워 보이기까지 했다. 그런데 나중에 보니 대동에 있는 사찰의 용마루 대부분이 익살스런 형상을 취하고 있었다.

하화엄사는 박물관이라고 해 놓고 대동에서 나온 유물을 전시해 놓

아무렇게나 방치한 하화엄사 박물관

명나라 때의 구룡벽

은 전시관 몇 개와 대웅전뿐이다. 하화엄사의 대웅전인 박가교장전薄伽 教藏殿과 법당 안에 있는 소상塑像들은 지금으로부터 1000년 전인 요나라 때에 불사한 것이다. 법당 안에 모신 협시보살인 관음보살은 너무도 아름다운 모습이다. 그 관음보살상은 화엄사의 대표적인 상징으로 알려져 있으며, 중국 역사가들이 '동양의 비너스'라고 할 정도로 아름다운 형상이다. 화엄사를 나와서 15분쯤 걸어 구룡벽으로 향했다.

구룡벽九龍壁은 1392년 명나라 태조 주원장이 13번째 아들인 주계대朱桂代의 집 벽에 아홉 마리 용을 조각해 만든 것이다. 벽의 길이 45.5미터, 높이 8미터, 두께 2미터로 중국에 현존하는 용벽 중 가장 크다고 한다. 지금은 집이 화재로 불에 타 소실되고 구룡벽만 남아 있다. 대동 내에는 용 모양의 벽이 선화사 5룡벽(흥국사에서 옮겨온 것)과 관음당 3룡벽이 더 있다. 다시 20여 분을 걸어 선화사로 발걸음을 돌렸다.

선화사善化寺는 승려가 거주하지 않는다. 사찰 내로 들어가니 직원들이 배드민턴을 치고, 탁구를 치며 신이 났다. 그곳은 당연히 승려가 산보도 하고 운동도 하며 담소를 나누어야 할 도량이 아니던가? 도량 규모로 볼 때, 그래도 옛날에는 20여 명의 승려가 거주했을 듯 싶게 넓고 안정감이 있었다. 이 사찰은 당나라 때 창건되어 '남사南寺'로 불렸는데, 이 근방의 도로가 '남사로'인 것을 보면 그 후 오랫동안 '남사'로 불려왔던 것 같다. 당나라 이후 몇 번의 복원 불사가 있었고, 명나라 때 관리들은 이 절에서 관리로서의 의례를 배웠다고 하니 나름대로 의미 있는 절이었으리라. 현재는 어설프게 꾸며놓은 정원과 대웅전이 있을 뿐이다. 대웅전은 요나라 때 건축물이고, 법당 내의 소상塑像들은 요·금나라 시대에 걸쳐 불사가 되었다고 한다. 보현각도 있는데, 문이 잠겨 있어 문틈으로 들여다보니 아무것도 없었다.

구슬비가 내리기 시작했다. 북방 지역은 워낙 비가 잘 오지 않아서 중국인들은 조금씩 내리는 비는 아무렇지도 않게 맞고 다닌다. 나는 우산도 없는데다 '이 정도는 괜찮겠지.' 하고 열심히 대동 시내를 활보하고 다녔다(열심히 비 맞은 덕분에 그 후 며칠 동안 푹 쉬었다). 한참을 걸어 숙소에 돌아와 짐을 챙긴 뒤, 버스를 타고 관음당으로 향했다. 전날 속았던 경험이 있었던 터라 묻고 또 묻고, 버스에 동승한 젊은 학생에게까지 물었다. "진짜 관음당 가는 거냐?"고.

관음당 전경

관음당觀音堂은 운강석굴로 들어서는 길녘 오른편에 있다. 들어서니 너무 조용하다. 이 사찰은 요나라(17세기) 때 창건되었는데, 화재로 사라지고 청나라 때 다시 재건되었다. 도량에는 대전과 요사채뿐이다. 사찰 이름답게 관음보살상을 주축으로 법당이 있고, 금으로 채색된 관음보살상이 유명하다고 하는데 도저히 찾아볼 수가 없었다. 잠시 도량을 돌아보다 고개를 내밀어 창문으로 요사채 안을 들여다보려고 하는데 거사님 한 분이 불쑥 나왔다. 한국에서 온 승려라고 했더니 노스님 한 분이 나오셨다. 스님은 고개만 끄떡이고는 다시 방으로 들어가 몇몇 사람들과 마작을 한다. 요사채 내 중심부에 작은 관음보살상이 있고, 영단에 스님의 영정이 있는 것으로 보아, 아마도 그 스님이 이곳에서 오랫동안 거주하다 돌아가시고 지금은 제자 스님 한 분이 머물고 있는 듯하다.(내가 지금 소설을 쓰고 있나?)

그런데 아침부터 부슬부슬 내리던 비가 점점 거세져서 도저히 움직일 수가 없었다. 법당 처마 밑에 서서 비가 그치기를 오래도록 기다렸다. 여행 중에 내리는 비는 나그네의 길을 재촉하기도 하지만, 지나온 삶의 여정을 되돌아볼 기회가 되기도 한다. 내게는 참으로 많은 인연이 있었다. 학교 강의 외에도 사찰 불교대학 강의, 일반신도법회, 학생법회까지 근 10년 넘게 많은 인연을 지었다. 참으로 인연만큼 질긴 번뇌도 없고, 인연만큼 인생의 기쁨을 주는 것도 드물 것이다.

『삼국지』에 나오는 조조는 당시 후한을 마음대로 조종하는 승상 동탁을 죽이려다 실패하고 도망가던 도중 친분 있는 여백사의 집에서 하루를 묵게 된다. 마침 집주인 여백사는 돼지를 잡아 손님에게 대접하려고 칼을 갈고 있었는데, 그것을 본 조조는 자신을 죽이려는 줄 알고 여백사 와 가족들을 모두 죽인다. 그런 뒤 이런 말을 남긴다.

"차라리 내가 세상 사람들을 저버릴지언정, 세상 사람들로 하여금 나를 저버리게 하지는 않을 것이다.(寧敎我負天下人 休敎天下人我負)"

당시의 시대상황이 만들어낸 것이기도 하겠지만, 조조다운 말이다. 나는 가끔 조조의 말을 상기하면서 "세상 사람이 나를 저버릴지언정, 내가 세상을 저버리지는 않겠다."고 스스로에게 염하곤 한다. 그런데 살다보면 뜻하지 않게 내 의도와는 무관하게 인연을 정리하게 되는 경우가 더러 있다. 때로는 아끼는 마음으로, 때로는 질책으로 했던 말들이 비수가 되어 부메랑처럼 되돌아와 내 가슴에 생채기를 내곤 한다.

인간으로 사는 이상, 인연의 끈에서 벗어날 수 없기에 승려로서 최선의 삶의 길은 무엇인가를 고민해 본다. 새파란 나이에 출가해 출가자로서의 본분을 지키기 위한 길은 멀고도 험하다. 사기충천한 출가자의 자부심과 긍지가 없다면, 내게 남아 있는 재산이 무엇이겠는가! 물론 내게는 출가자로서의 자존심이요, 긍지이지만 세상 사람들의 눈으로 볼 때는 눈꼴신 일이었는지도 모른다. 하기야 석가모니부처님 말고는 이 세상에 완벽하게 살았다고 자부할 수 있는 인간이 누가 있으랴! 출가자든, 일반인이든 살아가는 데 최선의 길은 없다고 본다. 당나라 때 백장 스님의 말씀대로, 인과因果에 매昧하지 않는 방법을 모색하고, 자기만의 빛깔을 띤 자부심을 가지고 순간순간 최선을 다하면 그만인저.

▶▶오늘의 행보 : 상화엄사 → 하화엄사 → 구룡벽 → 선화사 → 관음당

강소성, 절강성
(江苏省 장쑤성, 浙江省 저장성)

남경에 서린 한

강소성 남경 | 영곡사, 서하사, 융창사, 계명사

드디어 여행다운 여행을 하기 시작했다. 보이지 않는 인연에 얽힌 일과 사람들, 공부를 다 놓기로 마음먹었다. 실은 몸은 중국에 있어도 한국에서 했던 일들의 연장선상에 있었다. 사람은 살면서 유토피아를 꿈꾸지만, 그 유토피아에 도착했다고 해서 안주하는 것은 아닌가 보다. 한국을 떠나왔지만, 늘 어딘가로 떠나는 순례를 하고파 몸과 마음이 편치 않았다. 유토피아를 꿈꾼다는 것은 인간이 살아가면서 겪는 영원한 방황이자, 삶을 유지케 하는 버팀목인지도 모르겠다. 남경에서 어학공부하는 운문사 후배스님과 대우 스님, 북경에서 함께 내려온 보살님과 함께 오랜만에 만나 회포를 풀었다. 남경에서 며칠을 함께 보낸 후, 혼자 한 달 간의 여행을 시작하기로 마음먹었다.

남경南京은 강소성의 성도인 동시에 강남지역의 중심지이다. 제갈공명이 "용이 또아리를 틀고 호랑이가 웅크리고 있다. 용반호거龍蟠虎踞, 왕기가 서려 있는 곳이다."라고 할 정도로 여러 왕조의 수도였다. 삼국시대 손권의 오나라를 비롯해 동진東晋 · 송宋 · 제齊 · 양梁 · 남당南唐 · 명나라 등 10개 왕조가 이 땅 위에 나라를 세웠다. 또한 쑨원(孫文)이 세웠던 중화민국 정부가 남경에 있었고, 그를 기념하는 중산릉中山陵도 이곳에 있다. 그러나 1864년 청나라군은 태평천국의 난을 진압하는 데 남경사람 20여만 명을 학살했고, 20세기 들어 일본군도 이곳의 30여만 명의 무고한 생명을 살상하였다.

한편 중국과 영국은 18세기 초부터 무역을 시작했다. 19세기 들어

영국은 중국에 많은 아편을 판매함으로써 막대한 수익을 올린 반면, 중국은 아편 중독자들이 너무 많은 데다가 은이 영국으로 새어나가 경제가 혼란상태에 빠졌다. 청 왕조가 아편을 불태우고, 금지하는 과정에서 영국은 무력을 앞세워 중국을 공격했다. 어쩔 수 없이 중국은 조약을 맺었는데, 이것이 남경조약이다. 이 조약에서 홍콩을 영국에게 넘겨 주고, 5개 항구를 개설하며, 배상금을 무는 등 굴욕적인 불평등 조약이 체결되었다. 이래저래 역사에서 많은 수난과 수탈을 당해 한이 서린 곳이다.

　남경에서 박물관과 몇몇 유적지를 돌아보고 오후 늦게 영곡사에 도착했는데, 이 사찰은 공원 안에 있었다. 막상 들어가 보니 도량은 크지 않고 몇 개의 당우와 요사채뿐이다.

　영곡사靈谷寺는 지금으로부터 1500여 년 전에 양무제의 딸 영정공주가 보지寶志 화상을 위해 창건하여 개선사開善寺라 불리었다. 시대를 흘러오면서, 다른 이름으로 불리다가 명나라 태조 주원장이 영곡사라는 이름을 하사했다. 태평천국난 때 절이 불탔는데 다시 보수했다. 이 절의 현존 주요 건축물은 대웅보전, 관음전, 무량전 등이다. 무량전은 넓이 53미터, 높이 22미터로 중국 최대의 무량전 건축물이다. 무량전은 이 도량의 가장 귀중한 문화재로서 명나라(1381년) 때 세워졌는데, 대들보를 하나도 사용하지 않은 독특한 건축물이라고 한다. 이 무량

국민당의 죽은 영령을 위해 세운 영곡탑

전은 1928년 중화민국 정부가 국민당 소속으로 죽은 영령들을 위한 곳으로 만들었다. 또한 죽은 군인들을 위해 탑을 세웠는데, 이 탑이 영곡탑이다.

영곡탑은 사찰 뒤편에 위치하는데, 약 10분 정도를 걸어 올라가야 한다. 높이 60미터로 1931년에 세워졌는데, 이곳에는 장제스蔣介石가 교장으로 근무했던 황보군관학교 관련 자료를 전시하고 있다.

그런데 문제가 발생했다. 오랜만에 만난 후배스님과 열심히 이야기를 하다보니 함께 온 보살님이 보이지 않는다. 30여 분을 찾아 헤매도 절 내에는 보이지 않아 어쩔 수 없이 전화를 빌려 통화를 해보니, 걸어서 20여 분 거리인 공원 밖에서 기다리고 있었다. 느긋하게 공원을 산책하며, 영곡사의 사찰 면모를 살피려는 계획은 접어두고 사람부터 찾아 마음을 달래 주어야 했다. 어찌 스님들이 보살을 떼어 놓고 밖에 나가겠는가? 재가자들의 생각에 참로 놀라울 때가 많다. 마음이 상해 있는 보살을 달래느라 꽤 진땀을 흘렸다. 나이를 불문하고 달래야 할 때는 달랠 수밖에 없는 법.

다음날 아침, 차를 한 대 빌리기로 했다. 차를 빌리는 것이 시간과 돈을 아낄 수 있기 때문이다. 그런데 택시기사의 운전솜씨가 보통을 넘어섰다. 여러 번 경험했지만 중국에서 차를 타면 '오늘이 내 제삿날이 아닌가?' 하는 의구심이 들 정도로 불안하기 그지없다. '이럴 줄 알았으면 생명보험이라도 들어놓고 와야 했는데….' 하는 생각도 든다. 솔직히 필자도 운전습관이 좋지는 않다. 중국 운전기사들의 운전하는 모습을 보고, 운전습관을 잘 길들여야 한다는 생각을 해본다. 아무튼 중국 땅은 교통질서가 너무 잡혀 있지 않은데다 기사들은 조금도 참을성이 없다. 길 건너는 사람들은 아무 때나 상관없이 길 건너도 문제 삼지 않는다. 나도 이 점을 이용해 파란불이 아니어도 그냥 건넌다. 또한 현재 중국은 파란불이 들어와 사람들이 횡단보도를 건너도, 좌회전 우회전하는 차량은 운행할 수 있다. 거기다 기사들은 지나친 과속, 중앙선 침범하여 앞차 추월하기, 아무 데서나 후진하는 것은 말할 것도 없고 잠시도 기다리지 못하고 경적을 울려댄다. 어째서 중국인을 만만디[慢慢地 : 느릿한, 느긋한]한 사람들이라고 표현했는지 모를 일이다. 어쩔 수 없는 일이니, 오늘 하루 이 기사에게 생명을 맡길 수밖에….

　서하사西霞寺부터 들렀다. 이 절은 선방과 강원을 겸하고 있는 사찰이라서 그런지, 들어가는 입구에서부터 스님들을 많이 만났다. 서하사는 마애석조상과 당나라 때 석비石碑, 사리탑이 있는 진귀한 곳이다. 489년에 세워졌으니, 지금으로부터 1500여 년의 역사를 품고 있다. 이곳은 명승소明僧紹라는 사람이 자신의 사택을 절로 만들고, 서하정사西霞精舍라고 하였다. 당나라 때 고조 이연이 공덕사功德寺라고 하사해 그렇게 불리다가, 명나라 때 현재 이름인 서하사라고 칭하였다.

서하사 도량내에 있는 호수

　어비정御碑亭은 산문 밖에 있다. 이곳에 당나라 고종 이치가 절을 창건한 명승소에 대한 찬탄 글이 새겨져 있다. 이는 당나라 때 석비로 매우 귀중한 자료라고 한다. 사리탑은 장경각 오른쪽 편에 있다. 사리탑은 5층 8각의 석탑으로 몇 부분이 훼손되어 있기는 하지만, 매우 고귀해 보인다. 이 탑은 당말 오대 때에 세웠다고 하니, 1400여 년 전의 문물이다. 사리탑 뒤편에는 수많은 마애석각이 있는데, 이 석각에는 부처님과 보살상이 부조되어 있다. 그런데 문화혁명 때 그랬는지, 부처님의 얼굴이 많이 훼손되어 있다. 이 불상들은 명승소의 아들 명중장과 법도 스님이 처음 조각하기 시작했다. 실제로 보니 그 정도로 보이지는 않는네, 원래 감실만 300여 좌, 불상만 500여 존으로 매우 많았다고 한다. 이는 낙양의 용문석굴보다 조금 빨리 조각된 것으로, 중국 석각예술의

당나라 때 세운 서하사 사리탑

주요 문화재이다.

　장구한 역사를 지닌 마애석불 앞에서 일부러라도 오랜 시간을 머물고자 하는데, 훼방놓는 사람이 많다. 중국에는 절 앞에서 사주와 운명을 점쳐 주는 이들이 많은데, 도대체 어찌된 일인지 엄청 많은 사주쟁이들이 무슨 종이인지, 헝겊 쪼가리를 여러 장 가지고 쫓아다니면서 한 번 뽑아보라고 한다. '필요 없다'고 돌아서면, 다른 사주쟁이가 달려든다. 참으로 인간의 운명을 어디까지 믿어야 하는지 모르지만, 저렇게 얄팍한 수단으로 중생의 약한 마음을 울궈 내고 있다니…. '다 살자고 하는 일이려니' 하고 돌아서지만, 신성한 사찰 주변에서 그러고 있으니 씁쓰레한 기분을 떨칠 수가 없다. 어쨌든 부처님께서는 저 불쌍한 중생들까지 먹여 살리고 있는 셈이다.

　서하사에서 나와 30여 분을 달렸다. 산 속으로 들어섰는데, 깊은 산골인데도 도로가 잘 정비되어 있고 곳곳마다 정자를 세워 놓았다. 한참 산길을 달리다가 운동장 만한 주차장이 나오더니 큰 사찰이 눈에 확 띄는데, 바로 융창사다.

　융창사隆昌寺는 보화산寶華山 내에 위치하며 현재는 선방으로, 스님네가 40여 명 상주하고 있다. 이 절을 502년에 지었으니 1500여 년의 역사를 지닌 곳이다. 처음 보지공寶志公 화상(418~514년)이 이곳에 암자를 짓고 보지공암이라고 하였다.

도량에 들어가니 적어도 80여 평 정도는 되는 정사각형 도량을 중심으로 건물이 오밀조밀 모여 있다. 법당에 참배하고 이곳저곳을 살피는데, 마침 12시가 조금 넘은 시간이었다. 어느 공간은 관음보살이 모셔 있어 들어갔더니 바로 커텐 하나 사이로 스님들의 침대가 놓여져 있는데, 하나같이 스님들이 잠을 자고 있었다. 스님들의 요사채였던 것이다. 도대체 웬 대낮에 주무시나 했는데, 이는 중국인들의 습관이다. 중국의 직장은 점심시간이 보통 2시간이다. 직장이 가까이 있는 사람들은 집에 가서 점심을 먹고 나서, 한숨 늘어지게 자고 다시 오후 2시에 출근한다. 그래서 중국에서는 '오후 몇 시에 출근한다' 는 말이 있을 정도이다. 경찰서 공무원까지 2시간을 쉬기 때문에, 멋모르고 그 시간에 가면 꼼짝없이 기다려야 한다. 또 대체적으로 퇴근도 5시인 곳이 많다. 어찌 보면, 하루 몇 시간 일도 하지 않고 월급을 받아 가는 셈이다.

다시 뒤편으로 돌아가면, 계단戒壇이 있다. 건물 안으로 들어가보니 계단이 설치된 당우가 꽤 큰 것으로 보아 아마도 그 옛날에는 이곳에 출가 승려가 많아 계를 받았음을 알 수 있다. 계단에서 나오면, 명나라 때 건물인 무량전이 있다. 명나라 때 묘봉 선사가 신종과 자성 황태후의 도움으로 청동으로 된 법당과 2좌의 무량전을 지었다. 당시 신종은 '호국성화護國聖化 융창사' 라는 절 이름을 하사하여 지금까지 호칭되고 있다. 2시간을 넘게 사찰에 머물다 다시 계명사로 향했다.

명나라 때 세운 융창사 무량전

계명사鷄鳴寺는 남경 중심에 위치한 비구니 스님들이 머무는 곳으로 꽤 오래된 고찰이다. 이전부터 익히 들었던 곳이라, 사뭇 궁금하기도 했다. 이 절은 300년 동진시대에 처음 지었으니 지금으로부터 1700년의 역사를 간직한 곳이다.

양나라 때는 대전大殿이 6좌座나 되었고 소전小殿이 10여 곳, 고층의 불각佛閣과 불탑 등, 규모가 방대했고 참배객들이 끊이지 않았으며, 남조시대에는 480여 개 사찰의 대표이기도 했다. 현재는 절의 규모가 매우 작아졌다고 하지만 도량이 계단식으로 이루어져 있으며 결코 작은

계명사 도량

도량이 아니다. 절 옆에는 '소구화산小九華山', '현무호玄武湖' 등 명승고적이 있다. 이곳에서 양무제(502~549년 재위)는 4차례나 절에 들어가 승려가 되기도 했다.

계명사는 시대를 흘러오면서 동태사同泰寺, 천불원千佛院으로 불리다 화재로 불타 사라진 것을 당나라 때 다시 재건하여 정거사淨居寺라 이름하였다. 그러다가 송나라 때 지금의 이름인 계명사로 칭하였다. 몇 차례 화재로 소실되었는데, 1989년 약사불탑을 다시 세우며 청나라 때의 규모로 불사를 했다.

계명사의 건축물들은 산을 따라서 배치되어 있다. 주요 건축물은 대웅전, 관음루, 활몽루豁蒙樓, 경양루景陽樓, 약사불탑藥師佛塔 등이다. 약사불탑은 7층 8각인데, 안에 계단이 있어 올라갈 수 있다. 꼭대기까지 올라가면, 멀리까지 이 사찰의 규모와 주위 풍경이 보인다.

▶▶오늘의 행보 : 영곡사 → 서하사 → 융창사 → 계명사

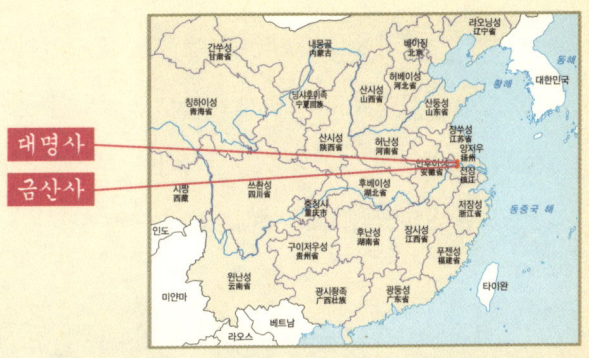

중국불교의 밝은 미래
강소성|양주 대명사, 전장 금산사

남경南京 버스터미널에서 나 혼자만의 여행이 시작되었음을 실감했다. 그렇게도 가보고 싶었던 곳으로 향하는 나그네의 심정은 말 그대로 환희로운 극락이다. 남경은 남부지방의 중심지답게 버스 편이 많았다. 남경에서 버스를 탄 지 2시간 반 만에 양주에 도착했다.

양주揚州는 강소성江蘇省 중부에 위치하는데, 도심지 사이로 운하가 있고 평화로움이 시작되는 시발점이다. 이곳은 감진鑑眞 화상의 고향이기도 하며 마르코폴로도 이곳에 머물렀다고 한다.

버스터미널에서 내려 버스를 갈아 타고 대명사大明寺로 향했다. 이 절은 양주 북쪽에 위치하는데 남조南朝 때인 460년 무렵 사찰이 창건되었으니, 지금으로부터 1500년이 넘는다. 여러 차례 보수작업이 있었고, 현재의 사찰은 청나라 때 다시 재건된 것이라고 한다. 오전 11시에 사찰에 도착해서 도량 안에 들어서니 스님네들이 기도하고 있었다. 꽤 많은 스님들이다. 기도 중이라 법당 내부에 들어가지 않고 밖에 서서 지켜보았다. 곧 기도가 끝나고 승려들이 일렬로 서서 요사채로 들어갔다. 현재는 율종사찰로서 40여 명이 거주한다. 가만히 지켜보니 스님들이 10대 후반에서 20대로 젊은 승려가 주를 이루고 있다.

무거운 가방까지 들고 있어, 도량을 다니기에는 너무 번거로웠다. 마침 법당 앞에 앉아 있는 동자스님에게 가방을 맡기면서, 실례를 무릅쓰고 나이를 물으니 15살이라고 한다. 그러면서 "점심공양 시간이니

공양간에 가서 공양을 하라."며 손짓으로 후원을 가리켰다.

오대산 문수도량에 들어가기 전 오대현에 위치한 존승사尊勝寺를 참배했을 때, 한 승려가 우리 일행을 직접 안내했는데 마지막으로 안내받았던 곳이 방장스님 방이었다. 방장스님은 50세 후반으로 사찰의 큰 도량과 비슷하게 체격도 거대했다. 중국 절은 한국과 달리 땅바닥에 절하는 경우가 많아 아무 생각 없이 한국식대로 스님께 절을 올렸었다. 사찰을 나와 숙소로 돌아가면서 존승사 사찰 안내서를 보니, 방장(주지)스님이 출가한 해가 1987년이었다. 순간 억울한 생각이 들었다. 그 스님보다 한참이나 먼저 출가한 내가 절을 했다는 것이.

스님네가 처음으로 삭발한 날은 절에 사는 개, 돼지한테도 절하라고 했다. 그만큼 출가 승려는 하심下心 하라는 뜻이다. 솔직히 억울하기보다는 '중국에 이 큰 절을 운영할 만한 방장감 승려가 없다니…' 하는 의구심과 안타까운 생각이 들었다.

몇몇 사찰을 다니면서 느꼈지만, 만나본 승려들 중에는 너무도 연로하고 초라해 보이는 노승이 있는 반면, 혈기 넘치는 젊은 승려들이 주를 이루었다. 그런데 현 중국불교의 문제점은 1967년부터 10년간 문화대혁명을 거치는 동안 불교계가 탄압을 받다보니, 당시 출가한 승려가 없어 현재 불교계를 이끌 40~50대 장년층 승려가 절대 부족하다는 것이다. 현재 사찰을 운영하고 제자를 양성하는 데 있어 그 세월의 공백으로 인해 승가가 세대간의 불균형을 이루고 있다. 그 유명한 석가장 백림선사 정혜 스님의 법을 이은 현 방장도 새파랗게 젊은 스님(대략 30대 후반)이었다. 처음에는 방장 시자쯤 되는 줄 알았을 정도이니.

오대산에서 조선족 승려를 만나서 "출가하는 데 국가의 승인을 받아야 하느냐?"고 물은 적이 있다. 그때 스님은 내 질문에 의아해하며 "신심만 있으면 출가할 수 있다."고 했다. 대명사에서도 보았듯이 이렇게 근래 들어 젊은 승려가 많이 출가하니 앞으로 중국불교의 미래가 밝아 보인다.

대웅보전에 들어가 부처님께 참배하고 나오니 왼쪽에 구양사歐陽祠가 있다. 북송시대 정치가이자 당송 8대가 중 한 사람인 구양수歐陽修

점심 공양하는 스님들

(1007~1072년)의 석각화상이 이곳에 모셔져 있다. 그는 어려서 가난한 집안에 태어나 4세 때 아버지를 여의었으며, 종이와 붓을 살 돈이 없어 어머니가 모래 위에 갈대로 글씨를 써서 가르쳤다고 한다. 10세 때 당나라 한유의 글을 읽은 것이 문학의 길로 들어선 계기가 되었다. 그는 진사를 시작으로 관료파의 중심인물이 될 만큼 높은 관직에 올랐다. 또한 많은 시와 저서를 남김으로써 후대 문학계에 큰 영향을 끼쳤다.

이 대명사는 감진鑑眞(688~763년) 화상과 관계 있는 곳이다. 그는 당나라 때 율사로서 이곳에서 상주하며 강의를 하였다. 이후 일본에서 감진 화상을 맞이해(753년) 스승으로 섬김으로써 일본 율종의 개조開祖가 되었다. 법당 뒤편으로 돌아서면 감진기념당이 있는데, 그곳에는 귀

감진 대화상 기념비

금산사에서 만난 노비구니스님

모뤄郭沫若[1]가 쓴 당감진대화상기념비唐鑑眞大和尙紀念碑가 있다. 대명사 사찰 내부 오른쪽에는 큰 호수가 있고, 그 호수를 배경으로 정자와 큰 바위까지 곁들인 자연 경관이 너무도 아름답다. 사찰이라기보다는 하나의 극락세계를 그대로 모방한 듯하다. 대웅보전에서 왼쪽으로 돌아서면, 부처님 사리탑이 있다. 그 탑은 4각 8층인데 내부로 들어갈 수 있고, 3층에는 부처님 사리탑이 모셔져 있다.

대명사에서 나와 양주에서 1시간 거리인 진강鎭江의 금산사金山寺로 발길을 돌렸다. 금산金山이라는 이름은 당나라 때 승려 법해 선사法海禪師가 수행하던 중 이곳에서 우연히 금을 캤다고 해서 '금산'이라고 하였다. 금산사는 동진東晉시대에 창건되었으니, 대략 1600여 년의 역사를 지닌 사찰이다.

마침 법당에서 나와 뒤편으로 향하는데, 연로한 비구니스님이 화단가에 앉아 꽃을 바라보고 있었다. 제자들과 성지순례를 왔는데 계단을 오르기가 힘들어 스님들을 기다린다고 하였다. 스님에게 "사진 한 장을 찍어도 되느냐?"고 여쭈었더니 겸연쩍게 웃으신다. 사진을 찍고, 보시금을 드렸더니 한사코 받지 않으려 해서 겨우 떠넘기다시피 드렸다.

중국은 현재 사회주의 국가로서 남녀평등이 빨리 이루어진 나라지만, 예전에는 여자에 대한 편견이 매우 심했다. 중국역사에서 여인으로서 정권을 잡았던 인물들은 하나같이 도덕적, 윤리적으로 타락한 여인으로 평가 절하되어 있다. 양귀비·측천무후·서태후가 그 예이다.

당나라 측천무후 시대는 외교적으로나 문화적·정치적으로 큰 변고가 없었건만, 단지 여자가 황제 자리에 올랐다는 이유 하나만으로 많은 질시를 받아야 했다. 여자로 태어난 것이 흠이라면 흠일까?

측천무후 이후 현종이 황제보위에 있을 때, 당나라는 문화 정치면에서 크게 번성했다. 이 무렵 안록산의 난(755~763년)이 일어나, 이 난을 계기로 나라가 기울었다. 그런데 역사에서는 이런 원인을 양귀비에게 돌린다. 즉 현종은 정치를 잘한 황제였으나 말년에 양귀비를 가까이 함으로써, 왕을 타락으로 이끈 요괴라고까지 표현하고 있다. 또한 양귀비의 오빠 양국충이 나라를 망쳐 놓았고, 양귀비 친정 집안의 여자들은 너무 사치스럽게 화장을 하고 향수를 뿌려 몇 십 리까지 그 냄새가 퍼졌다고 할 만큼 역사에서는 양귀비를 힐뜯고 있다. 엄밀하게 당시 역사

금산사 삼문식 패방

를 보면, 양귀비 때문에 나라가 어지러운 것만은 아니었건만.

  청나라 말기 서태후는 정권을 잡기 시작하면서 오직 나라를 위해 애썼던 것은 사실이다. 그녀의 흠이라면 지나친 쇄국정책으로 인해 중국의 발전을 더디게 만들었다는 점이다.

  아마 측천무후나 서태후가 남자였다면 역대 제왕 가운데 괄목한 만한 황제로 남았을 터인데, 여자라는 점 때문에 역사에서조차 매도당하

금산사 당우 용마루 끝

고 있다. 중국에서 나이가 많은 비구니스님을 대하면 괜히 마음이 짠하다. 여자를 천대시했던 국가에서 비구니에 대한 예우가 있었으리라고는 상상할 수 없기 때문이다.

금산사는 넓고 평평한 공간이 아니라 가파른 계단식 도량이다. 법해화상을 모신 고법해동古法海洞이 있고 바로 그 위로 자수탑慈壽塔이 있다. 대명사 경내를 다니는 도중 작은 공간이 있어 들어갔더니, 그곳에는 재물신을 모셔 놓았다. 빨간 옷을 입은 아저씨가 수염을 길게 늘어뜨리고 오른손에는 금은을, 왼손에는 긴 막대기를 들고 있다. 그리고 재신상 아랫 부분에 "재신보살財神菩薩"이라고 쓰여 있다. 중국인들은 재신보살을 일반 호텔이나 음식점에서 많이 모시고, 사찰에서도 한쪽 공간이나 대웅전 옆에 모시기도 한다.

현재 이들에게 재물만큼 귀한 것은 없을 것이다. 부정적으로 보면, 지나치다 싶을 정도로 재물이나 복을 비는 기복성이 재신보살을 만들어낸 것이 아닌가 싶다. 한편 긍정적인 측면으로 보면, 중생들의 힘겨

금산사의 재신보살

움을 어루만져 주는 불교의 포용성을 보여 준다고도 할 수 있다.

이렇게 혼자 사찰 경내를 어슬렁거리고 있는데, 남경에서 함께 있다가 북경으로 먼저 올라간 대우 스님이 전화를 주셨다. "지금 진강 금산사에 있다."고 했더니, 양주 고민선사2)를 꼭 가보라고 신신당부한다. 가보지 않으면 후회할 거라고.

▶▶오늘의 행보 : 남경 → 양주 대명사 → 진강 금산사

주)
1) 궈모뤄郭沫若(1978~1982년)는 사천성 출신으로 시인, 극작가, 역사학자, 고고학자이자 사회활동가이다.
2) 양주 고민선사에 대한 내용은 선종사찰기행 『구법』 편에 소개된다.

풀잎에 맺힌 이슬
강소성 소주|한산사, 서원사

아침 풀잎에 맺힌 이슬을 보지 못했느냐?
해가 뜨면 곧 사라지는 것을.
사람의 몸뚱이도 이와 같아서
염부는 멀리 있지 아니하고, 바로 여기이니라.
부디 한평생 어름어름 살지 말고
탐진치 삼독을 모두 끊어 없애면
번뇌 즉 보리, 보리 즉 번뇌인 자리.
그 번뇌 다시 남아 있게 하지 말라.

한산시

'위에는 천당, 아래에는 소주와 항주[上有天堂 下有蘇杭]'라는 말이 있을 정도로 예부터 두 곳은 경치가 빼어나고 아름다운 곳으로 불린다. 중국인이나 외국인들에게 남방의 소주蘇州, 쑤저우와 항주杭州, 항저우는 꼭 가야 할 여행코스로 정해 놓을 정도이다. 특히 소주에는 역대 귀족들의 저택이 많았는데, 정원을 꾸며 놓고 시를 지어 읊으며 글씨를 쓰고 그림을 그렸다고 한다. 말년 인생을 멋지게 장식한 문인들이 많았던 것이다. 어찌되었든 소주에서는 사찰탐방과 더불어 순전히 여행만을 위해 다니기로 했다.

한산寒山과 습득拾得은 당나라 때 선사이다. 민간에 전하는 노래나 전설이 있어 누군가가 만들어 낸 가설적인 인물인 줄 알았는데, 낭나라 초기 때 생존했던 실재 인물이다. 당시 그들의 독특하고 기이한 언행을 이해하지 못했으므로 사람들은 그들을 멸시하고 천대했다.

한산사의 한산과 습득 입상

한산은 국청사에서 좀 떨어진 곳에 있는 한암寒巖이라는 굴 속에 산다 하여 그렇게 불리었다. 그는 해진 옷에 커다란 나막신을 신고 다녔으며, 공양시간이 되면 국청사에 들러 대중들이 먹다 남긴 밥이나 나물 따위를 습득에게 얻어먹곤 하였다.

한산은 절에 들어가서 포행을 돌며 소리를 지르거나 하늘을 쳐다보고 욕을 했다. 그때마다 절의 대중들은 한산을 쫓아내곤 하였는데, 그러면 그는 손뼉을 치고 큰소리로 웃으며 가버리곤 했다. 이렇게 큰소리를 지르고 미친 행동을 하다가 시상이 떠오르면 닥치는 대로 나무나 벽, 바위에 시를 써 놓았다. 그는 자연 그대로 본성이 움직이는 대로 살다 갔다.

한산과 습득의 스승이었다고 하는 풍간豊干과 함께 세 사람을 합쳐 삼은三隱·삼성三聖이라고 한다. 한산이 지은 시는 314수이고, 습득의 시는 57수이며, 풍간의 시는 2수로 모두 373수가 전한다. 이들의 작품을 책으로 만든 사람은 여구윤閭丘胤으로 한산과 습득, 풍간의 행적을 조사한 후 숲 속의 바위나 나무, 벽에 적혀 있는 시들을 모아 엮었다. 특히 한산이 쓴 시가 제일 많은데, 주로 민중을 대상으로 한 교훈적인 것과 깨달음을 노래한 게송들이다.

밥을 아무리 말해도 끝내 배부르지 않고
옷을 아무리 말해도 추위를 면하지 못한다네.
배부르기를 원하면 밥을 먹어야 하고
추위를 면하고자 하면 옷을 입어야 하네.
깊이 생각해 헤아릴 줄을 모르고
부처 구하기 어렵다고만 말하니
마음 한 번 돌리면 곧 부처이니라.
멀리 밖에서 부처를 구하지 말지니라.

특히 송나라 때 유학자들이나 재가인들 사이에 참선수행하는 붐이 일어났는데, 그들은 선사들의 어록이나 게송도 함께 읽었다. 이때 한산과 습득에 대한 관심이 컸으며, 그들을 주제로 한 선화나 벽화가 그려지기도 했다.

한산은 이렇게 조촐하게 살다 갔지만, 한산사寒山寺는 현재 종교활동 장소로, 유명한 관광고찰로 자리잡았다. 이름난 사찰치고 도량은 큰 편이 아니다. 이 절은 남조시대에 창건되었으니, 지금으로부터 1500년의 역사를 지닌 사찰이다. 원래 이름은 묘리보명탑원妙理普明塔院이다. 당나라 때 한산이 이곳에서 주지로 살면서 '한산사'라고 하였다. 당대 이후, 시대를 걸치면서 계속 불사가 이어져 왔고 지금의 사찰은 1949년에 보수된 것이라고 한다.

대웅보전 우측에 500나한전이 있는데, 그 내부에는 녹나무로 조각해 금물을 칠한 500분의 나한님이 모셔져 있다. 아예 관광객이 많은 탓인

한산사 500나한전의 나한님

지 유리관 안에 안치되어 있다. 또한 장경루에 《금강경》을 사경한 석각石
刻이 있는데, 이 석각과 500나한전은 한산사의 귀중한 유물이라고 한다.
한산사에는 당나라 때 장계라는 사람이 소주를 유람하던 중 이곳에 들
러 시를 쓰고, 그 시를 돌에 새겨 놓은 풍교야박楓橋夜泊 시비詩碑가 있다.

> 달이 기울고 새가 울며, 천하에 서리가 가득하니
> 강가의 바람과 어선의 불빛도 잠들지 못하네.
> 고소성 밖 한산사
> 밤중의 종소리가 배에 탄 나그네 귓전에 들려오네.
> 月落烏啼霜滿天
> 江風漁火對愁眠
> 姑蘇城外寒山寺
> 夜半鐘聲到客船

이 시가 민간에 널리 알려지면서부터 한산사가 유명해졌다고 한다.
그래서 그런지 작은 도량에 얼마나 관광객이 많은지 돌아서면 인간들

한산사 장경루에 안치된《금강경》석각

뿐이다. 도량 한 귀퉁이에 한산사 선학원禪學院이라는 건물이 있고 '일본종교화엄학원'이라는 편액이 쓰여 있다. 또한 도량에도 일본인들이 식수한 기념 나무가 몇 그루 있다.

이 절에서 나와 얼마 안 되는 거리에 유원留園[1]이 있다. 유원은 소주의 유명한 정원 가운데 하나이다. 이곳에는 고대 악기를 연주하는 여자들이 곳곳마다 배치되어 중국 고대음악을 연주했다. 피곤도 하고 아름다운 선율소리에 잠시 멈추어 음악을 들으니, 내가 천상에 있는지, 한국 땅에 있는지, 중국 땅에 있는지를 잠시 잊을 뻔했다.

이곳에서 잠시 음악소리로 휴식을 취한 뒤, 자동차로 10여 분 거리에 위치한 서원사西園寺로 향했다. 절 입구에 작은 냇물이 흐르는데, 지혜교智慧橋와 복덕교福德橋 두 다리가 있다. 사천왕문에 들어서자마자 확 트인 공간이 펼쳐져 있는데, 너무도 편안하다. 한산사에서는 작은 도량 내에 꽉 들어찬 당우와 많은 사람들 틈에 있다가, 관광객도 거의 없고 도량이 한산한 서원사에 들어서니 숨통이 트이는 듯하다. 마치 여백을 살려 그린 그림 같은 곳이라고 할까?

서원사는 14세기 원나라 때 창건되어, 처음에는 '귀원사歸源寺'로 불리다 후에 '계당율사戒幢律寺'라 칭했다. 청나라 말기에 화재로 소실되어

서원사 사천왕문 입구

다시 재건하였으니, 지금 당우는 청나라 말기의 당우라고 볼 수 있다. 이 절은 예나 지금이나 율종 사찰로서 승려가 80여 명 거주하고 있다.

 중국에 유명한 4대四大 나한당羅漢堂이 있는데, 그 중 하나가 이곳이다. 나한님은 청나라 때 조성된 소상塑像들이다. 나한당은 전田자 형식으로 짜여 있다. 정중앙에 서로 등을 맞대고 지장·관음·보현·문수 보살이 그 배경과 더불어 조각되어 있다.[2] 중국의 4대 불교성지인 구화산·보타산·아미산·오대산을 순례하지 못할 경우, 이곳 네 보살님께 참배하면 4대 명산을 순례한 것이나 다름없다고 한다. 중생들이 네 분의 보살님을 직접 성지에서 친견코자 하나 너무도 거대한 중국 땅인지라, 갈 수 없는 이들을 위해 저렇게라도 해서 중생들의 염원을 들어 주고자 했으리라.

서원사 나한당 뒤편에 있는 서원

나한당 뒤편에는 거대한 연못인 서원이 있다. 오후 5시 밖에 안 되었는데 해가 저물어 어둑어둑하다. 잠깐 물가에 앉아 차 한 잔을 마시며 저문 해를 바라보았다. 그 옛날 스님들은 하루 해가 저물면, 공부도 제대로 하지 않았는데 하루가 다 갔다고 다리 뻗고 울었다고 하는데, 오늘 사찰 참배를 통해서 '나는 무엇을 얻었는지…'

하늘에 수놓아진 노을을 바라보니 인간의 짧은 인생이 하찮게 여겨진다. 아마 나 같은 사람을 위해서 한산은 이렇게 읊었나 보다.

> 인생은 티끌 속에 묻혀 살아가는 것,
> 마치 항아리 속에 사는 벌레 같구나.
> 온 종일 허덕거려 돌아다녀도
> 그 작은 공간의 항아리 속을 떠나지 못한다네.
> 신선이 되려고 해도 되지 못하고

번뇌를 헤아리니 끝이 없구나.
이 놈의 세월은 빠르게 흐르는 물과 같으니
아아! 어느새 백발의 노인 되는구나!

▶▶오늘의 행보 : 한산사 → 유원 → 서원사

주)
1) 유원은 졸정원·사자림·창랑정과 소주의 4대 정원 가운데 하나이다. 명나라 때 서시태라는 사람이 조경을 하여 동원東園이라고 한 것이 시초가 되어 청나라 때 개축하여 유원이라고 하였다.
2) '금세계 문수보살, 은세계 보현보살, 유리계 관음보살, 유명계 지장보살'이라고 쓰여 있다.

이곳은 신앙의 자유가 있다
강소성 소주 | 북사탑, 쌍탑, 운암사

아침부터 비가 내린다. 여행하는 중간에 비가 내리면, 마음까지 추락하는 기분에다 하루를 공치는 일이라 별로 즐겁지는 않다. 며칠 전부터 비가 오지 않기를 고대했다. 이번 여행을 출발하기 전에 북경에서 산 신발이 새기 때문이다. 중국돈 60원(한국돈 7,500원)을 주고 산 운동화의 바닥 고무창이 완전히 몇 조각으로 금이 가 손으로 잡으면 휘어질 정도이다. 물이 새는 정도가 아니라 신발에 물이 가득 찰 정도이니, 중국인의 이런 못된 심보에 욕하지 않을 수가 없다. 물건의 질에 대해 한국인들끼리 얘기하다가 "이 물건 고장났다."고 하면, 대뜸 상대방이 "중국산이지?" 한다. 그만큼 중국 물건이 아직은 한국산에 비해 현저하게 품질이 떨어진다.

마침 묵었던 숙소 가까운 곳에 북사탑北寺塔이 있다. 이 탑은 1700여 년 전 삼국시대 오나라 손권이 세운 목탑인데, 현존하는 탑은 남송시대에 수리한 것이라고 한다. 내가 찾아간 날 공교롭게도 목탑 보수공사가 진행되고 있어 헛걸음했다고 생각하고 돌아서려는데, 그 뒤편에 사찰이 있었다.

사천왕문은 따로 없고, 사천왕문을 상징하는 포대화상과 신장상이 있다. 지도상으로 목탑 바로 뒤에 7불보전七佛寶殿이 있다. 도량 입구 간판에 "화장세계華藏世界, 유심정토唯心淨土"라는 말이 써 있는 것으로 보아 옛날에는 화엄종 사찰이었던 것으로 여겨진다. 법당 뒤 강당에는 신

북사탑 보은사 간판

도들이 모여 공부를 하며 참선하는 방석이 놓여 있고, 경전 독송할 때 사용하는 책상과 의자가 줄지어 있다. 몇몇 신도들이 사찰에서 기도하고 태우는 듯한 종이배를 접고 있었다. 이곳에서 나오니 큰 간판이 있다. "종교 신앙자유, 예불 자원, 스스로 자발적으로 향을 태우다 – 북탑 보은사"라고. 이렇게까지 글귀가 쓰여 있다는 것은 예전에 종교적인 탄압이 있었음을 드러내는 것이리라. 어쨌든 이곳이 관광용 절이라기보다는 부처님께 귀의하는 기도처라는 점이 마음에 들었다.

　보은사에서 나와 사리탑이 있다고 하는 쌍탑으로 향했다. 쌍탑 입구에 양쪽으로 기단이 있는데, 그 기단 위에 수행도량 정혜사권定慧寺卷이라고 쓰여 있다. 아마도 옛날에는 초입부터 사찰 도량이었던 것으로 보인다. 정혜사는 현재 율종사찰로 규모는 작지만, 법당 뒤편에 향과 초를 태우는 큰 공간이 있을 만큼 신도들의 귀의처인 듯하다. 정혜사에서 바로 3분 거리에 원래 목적지였던 쌍탑이 있다.

쌍탑

　쌍탑双塔은 7층 8각, 높이 33.3미터로서 2개의 사리탑이 나란히 서 있다. 송나라 때(982년) 건립되었다고 하는데, 원래 이 두 탑은 나한원의 불탑으로 세워졌다. 나한원은 불타 없어지고, 당우의 크기를 알 수 있는 터와 구조물의 기둥 자리가 그 옛날의 도량을 대변하고 있다. 순간 텅빈 법당 터를 바라보며 까닭 모를 아쉬움이 가슴 밑바닥에 흐른다. 그 옛날 수행하던 스님네들은 다 어디로 갔으며, 장엄했던 부처님과 나한님은 지금 어디에 계실까? 그 주위를 빙 둘러보니 송나라와 명나라 때 석비 잔해가 널려 있고, 담벼락 밑에 목이 없는 여덟 분의 작은 석불이 나란히 있다.

　폐허만이 남아 있는 도량을 거닐고 있는데 옆에서 음악소리가 들렸다. 가 보니 찻집인데, 그 안에는 노인들이 50여 명 앉아 있다. 그 앞에

경로잔치하는 모습

는 5~6명의 노인들이 중국 고대 악기를 연주하고, 그 연주에 맞추어 가수가 노래를 부르고 있다. 노인악단이 노인들을 위한 경로잔치를 해 준다는 것이다.

한 중년 여인이 건물 앞에서 어물쩡거리고 서 있는 나를 발견하고는 의자에 앉으라고 하며 차와 과자를 가져다 주었다. 한국에서 온 승려라고 하니, 그들은 깜짝 놀라며 너무 반가워한다. 요즘 중국인들은 '한국'이라는 말만 들어도 반갑게 대해 준다. 이상하게 중국인들도 한국인처럼 일본을 싫어하는 반면, 한국인이라고 하면 갑자기 "중국과 한국은 펑요(친구)."라고 하며 좋아한다. 출가한 지 얼마 되지 않은 고민선사의 스님 한 분이 "욘사마, 안녕하세요?" 등 몇 마디 말을 건넸다. 현재 중국에서는 연예인 이름을 알 정도로 한국 연속극은 인기가 높다. 그만큼 중국인들은 한국을 우호적인 국가로, 경제가 발전된 선망의 나라로 바라본다.

계속 차를 따라 주기에, "나는 한국에 있을 때 중국차를 즐겨 마셨다."고 하며 알고 있는 중국차 이름을 몇 개 열거했다. 그 보살님은 너무 좋아하며 평소 가지고 다니던 용정차(龍井茶)를 내게 선물로 주면서 오히려 인사까지 한다. 그녀는 자신은 불교신자인데 "아무리 불경을 공부해도 번뇌가 여전히 많다(雖然學佛 還有煩惱)."고 하면서 필자가 알아듣지 못하자 글씨를 써 보인다.

오후에는 소주의 유명한 정원들을 들러 보기로 했다. 이 정원들은 세계문화유산에 등재되어 있다. 입장료가 너무 비싸 들어가지 않을까 했지만, 세계문화유산이라고 하니 들러보기로 했다. 어제 유원에 이어 사자림(獅子林)1)과 졸정원(拙政園)2)을 들렀다. 졸정원은 소주의 정원 가운데 가장 아름다운 곳이 아닌가 싶다. 졸정원 내부를 다니면서 중국인들의 예술적 기질과 감각에 감탄했다. 소주의 자연적인 아름다움을 정원에 그대로 모사했던 것이리라. 나는 남방을 여행하면서 중국이 얼마나 큰 땅덩어리인지를 실감했다. 사대주의사상이 배인 생각인지는 모르지만, 중국이라는 나라는 복 받은 민족이 아닌가 싶다.

중국은 이렇게 큰 땅덩어리를 가지고도 시장(티베트), 신장, 동북 삼성, 몽골 등 소수민족과 변방국가까지 중국화해서 그들을 '소수민족'이라는 이름으로 다스리고 있다. 마치 자신들이 구세주라도 되는 듯이. 소수민족이 55민족이요, 중국인의 대부분을 차지하는 한족(90%)까지

졸정원

포함해서 중국은 56민족이라는 다민족 국가이다. 이렇게 그들은 변방 국가를 중국화하고도 모자라서 몇 년 전 고구려 땅까지 자신들의 땅이라고 주장하고 나섰다. 우리도 주장한다면, 699년에 만주와 연해주에 고구려인 대조영이 세운 발해가 있었고, 수많은 한국의 선조들이 만주 땅에서 활개치고 살았다. 얼마든지 만주땅도 우리 땅이라고 주장할 수 있는 것이 아닌가.

  참으로 인간의 과욕이 무서운 것이다. 옛말에 "99개 가진 사람이 1개 가진 사람의 물건을 빼앗는다."고 하더니 중국이 바로 그짝이다. 아마 고구려가 자기네들의 땅이었다고 세계국가들이 응수해 주면, 곧바로 신라 백제까지 자기네들의 역사였다고 주장하고 나설 사람들이다. 무서운 중국인이다. 한국이 중국의 패권주의를 이겨낼 방법을 빨리 준비해야 되지 않나 싶다.

나는 승려이기에 앞서 한국인으로서 가끔 나라 걱정을 한다. 누가 알아 주지도 않는데 말이다. 이런저런 생각과 어디서부터 발단된 분노인지 모를 분노를 삭이면서 정원에서 나와 운암사 풍경구로 향했다.

이 운암사雲巖寺는 동진東晉시대에 절이 창건되었으니, 지금으로부터 1600여 년의 역사를 간직한 곳이다. 처음 이름은 호구사虎丘寺라고 불리었다. 오나라 때 합려라는 사람은 검술로 이름이 알려졌는데, 그가 죽을 때 3,000개의 검과 함께 이곳에 묻혔다. 장례 3일 후에 하얀 호랑이가 나타났다고 해서 '호구虎丘'라고 불렀다. 처음에는 재가인의 사택이었으나, 후에 사찰로 변하였다. 당나라 때 무구보은사武丘報恩寺라 불리다 재건하면서 현재의 운암사로 불렀다. 이 절은 14세기 남송시대에 최고로 번성했고, 중국 동남지역의 최대 총림이었다.3) 그런데 이후 몇 차례의 피해가 있으면서 현재에는 근래 조성한 대웅전과 몇 개의 비석과 호구탑이 있을 뿐이다.

산 정상에 위치한 호구탑은 높이 47미터, 7층 8각으로 961년 북송시대에 세워졌다. 400년 전부터 지반 침하로 인해 현재 15도 각도로 기울어졌다고 하는데, 한눈에도 금방 띌 정도로 비스듬하다. 한편 예부터 관음전 뒤에 있는 관음천의 샘물은 물맛이 좋아 중국 5대 샘물 가운데 세 번째에 속한다.

이곳에 대한 안내 책자에 의하면 '천하제일의 풍경구'라고 하는데, 정말 그 말답게 거대한 산 전체가 수려하게 꾸며져 있다. 어느 정도 인

북송때 세워진 운암사 탑(15° 각도로 기울어져 있다)

공으로 꾸몄겠지만, 천연자원을 그대로 간직한 아름다운 도량이다. 탑 옆에 '운암선사雲巖禪寺 유적지遺蹟址'라는 비석이 하나 있는 것으로 보아, 그 옛날 많은 선객들이 포행을 돌며 도반들과 수행을 논했을 도량으로 보인다. 5시밖에 안 되었는데 하루 종일 비가 온 데다가 안개까지 자욱하여 길이 잘 보이지 않는다. 서둘러 숙소로 돌아가야겠다.

▶▶오늘의 행보 : 북사탑 → 쌍탑 → 운암사

주)
1) 사자림은 원나라 때 만들어진 정원으로, 원내는 태호석太湖石(태호의 물 속에서 끌어올린 구멍이 많은 하얀 돌)의 모양이 사자와 비슷해서 사자림이라고 했다. 이곳은 특히 수많은 돌로 꾸며진 정원이 아름다움을 더했다.
2) 졸정원은 소주의 정원 가운데서 제일 크다. 명나라 때 어사 왕헌신이라는 사람이 대굉사大宏寺에 만든 정원이다. 이곳은 동원東園·중원中園·서원西園으로 나누어져 있는데, 중원의 경관이 특히 아름답다. 정원의 60%가 물로서 부지의 반 이상이 연못이다. 수려한 풍경에다 곳곳마다 정원이 세워져 있다.
3) 당시 도량과 당우가 매우 컸다. 천불각, 전륜대장전, 나한당, 가람전, 수륙전, 대사암 등.

안개와 구름 속에 잠긴 고찰
절강성 항주|서호, 영은사

앞에서도 언급했지만 소주蘇州와 항주杭州는 자연경관이 빼어날 뿐만 아니라 매혹적인 도시로 알려져 있다. 12세기 송나라(북송)는 금나라의 침입으로 하남河南성 개봉開封에서 항주로 수도를 옮겼는데, 그 이후 시대를 남송이라고 한다. 항주를 수도로 한 남송은 문화와 경제면에서 크게 발전했다. 특히 수나라 때 만들어진 대규모 수로水路인 대운하¹)가 북쪽지방과 연결되어 있어 중국 남부에서 생산된 풍부한 농산물과 비단을 수송하는 데 중요한 역할을 했던 무역 중심지이기도 했다. 한편 북방 유목민족과의 무역 및 해상무역로를 통해 아시아 각국과의 무역으로도 발전하였다. 이렇게 경제가 발전하면서 인구가 증가하고 다양한 문화도 꽃을 피웠다. 또한 이 곳은 중국뿐만 아니라 한국과 일본에까지 널리 알려진 용정차龍井茶 산지로도 유명하다.

　항주는 풍경구나 자연 경관을 배경으로 아름다운데다 사람들도 낭만적이다. 버스가 항주 지역으로 들어서는 순간부터 항주를 떠날 때까지 본 가정집 지붕이 마치 유럽의 고풍스런 지붕 같다. 대부분 집 꼭대기 층은 한국의 옥탑같은 형식으로 지어졌고, 그 꼭대기에는 둥근 원이 있고, 원 위에 첨탑이 하늘을 향해 솟아 있다. 중국인은 사소한 데서도 예술적인 미를 자아낸다. 화장실 입구가 꽃병 형식으로 되어 있는 사찰도 있고, 구화산 화성사의 장경각 옆문은 둥근 형식으로 되어 있어 스쳐지나가면서도 고개를 끄떡인 적이 있다.

예술적인 문 입구

　중국의 사찰이나 유명인들의 정원, 궁궐을 가보면 어김없이 물가가 있다. 크게는 호수요, 작게는 연못 형태인데 그 호수를 바라볼 때마다 중국인들의 멋과 풍미에 놀라곤 한다. 특별한 의미는 모르겠지만 '물水'이라고 하는 매개체를 통해 삶의 역동, 생명의 근원을 확인코자 하는 중국인들의 마음을 엿볼 수 있다.

　물이라고 하는 것은 인간의 생명과 연결되어 있다. 고대 그리스 철학자이자 수학자인 탈레스Thales(B.C.640~B.C.546)는 "만물의 근원은 물"이라고 주장했다.

　중국인들은 차茶 맛의 첫 번째 조건을 물이라고 주장한다. 아이러니하게도 옛날부터 중국의 수질은 좋은 편이 아니다. 그래서 차가 발달한 원인이기도 하다. 근래에도 중국 북경 주민들이 먹는 물은 심각하게 오염되어 있다고 한다.

공자는 "지극한 선善은 물과 같다. 물은 만물을 매우 이롭게 하지만 서로 다투지 않는다."고 했고, 또 "물에 도道가 있다." "물은 덕德·의義·용勇·법法·정正·찰察·선善·지志, 모든 아름다운 품행을 갖추고 있다."고 하며 "군자는 물을 보면 반드시 그것을 살펴야 한다."고 하였다. 또한 노자의 사상을 한마디로 말하면, 물의 철학이다. 물은 높은 곳에서 낮은 데로 흐른다. 이런 유연함과 겸허함을 강조했다. 이렇듯 중국의 철학자들은 물을 생명의 근원, 수양의 근본, 도덕적 실행의 근원으로 보았다.

항주에 도착하자마자, 그 유명하다는 서호西湖를 향했다. 중국역사에서 미인하면 양귀비와 서시西施를 든다. 서시의 고향이었던 항주의 서호를 '서자호西子湖'라고도 하는데, 이는 서시를 기념하기 위해 붙인 것이다. 월나라(수도 : 항주) 왕인 구천이 오나라(수도 : 소주) 왕 부차에게 바쳤던 미인이다. 즉 오나라 왕이 미인에게 빠져 나랏일을 제대로 돌보지 못하게 해, 오나라를 멸망시키려는 뜻이 담겨 있었다.

서호는 그렇게 큰 호수는 아니지만, 중국 시인들이 서호를 묘사한 미사여구가 왜 그렇게도 많은지. 서호에 도착하기 전에 관련된 책을 열심히 읽었는데도, 서호를 바라보는 순간 깡그리 잊어 버렸다.

명나라 때 중국에 온 어느 일본의 사신이 이런 말을 남겼다.

서호

예전 이 호수의 그림을 본 적이 있었으나
인간 세상에 이런 호수가 있음을 믿지 않았네.
오늘 이 호숫가에 와서 보니
화가의 솜씨가 부족함을 알겠네.

아무튼 서호에 관한 찬탄이 많건만, 아름다움을 묘사한 시인들의 시적 표현보다 내 감상능력이 미치지 못한 탓인지 단지 하나의 호수로만 보일 뿐이다. 20세기 문학가 루쉰(노신魯迅 1881~1936년)은 "서호의 풍경에 이르면 비록 멋스러운 곳이라고 할지라도 너무 먹고 노는 곳이다. 이렇게 만약 놀이에만 빠져 있다면, 이는 사람의 지기志氣를 갉아먹을 수 있다."고 경고했다.

필자가 본 서호는 그 옛날 문인들의 표현만큼 아름다운 곳이 아니라,

'아름답다'고 하니까 그렇게 인식해야 하는 것으로 세뇌되어 있는 것이 아닌가 싶다. 아무튼 옛 시인들의 정취나 느낄 겸 한참 벤치에 앉아서 그저 호수만 바라다 보았다. 좋아하는 작가 위치우위가 쓴 『중국문화답사기』에 여러 각도로 서호에 대한 평이 있는데 줄잡아 18쪽이 넘는다. 이를 간단히 정리해 본다.

"서호에는 중국의 모든 종교가 다 있다. 불교 유적은 한도 끝도 없고, 도교와 유교도 남아 있다. 유가로서 장수의 모범을 보인 악비(1103~1142년)도 서호 옆에서 안식을 취하며 치국평천하의 가르침을 널리 펼쳤다. 또한 국학의 대가들도 기이한 신화 전설과 벗하여 지냈다. …… 서호의 최고 명승지인 백제白堤2)와 소제蘇堤3)는 대시인들이 민중들의 편익을 위해 세운 제방이다. 처음부터 유람을 위해 만든 것이 아니고, 백성들을 위해 축조한 것이기 때문에 가장 자연스러운 유원지로 남아 있다. 또한 서호의 걸출한 인물 임화정林和靖은 매화를 처로 삼고 학을 자식으로 삼아 20여 년을 은둔하였다. 또 소소蘇小는 기녀인데, 아름다운 시를 남긴 여인이다."

감상에서 벗어나 항주 최고 명찰인 영은사靈隱寺로 발길을 돌렸다. 이 절은 항주 서북쪽에 위치해 있고, 비래봉飛來峯을 마주하고 있다. 비래봉에는 오대(10세기)부터 원나라(14세기)에 걸쳐 조각된 석불 338좌가 있다.

절 입구에 들어서자마자 아름다운 여인의 모습을 담은 관음보살과 익살스런 부처님, 장난끼 가득한 포대화상을 뵈었다. 투박하게 조각된 불상에서부터 정교하고 예술적인 불상과 보살상에 이르기까지 이는 중생들의 세계가 아니라, 마치 극락세계를 묘사한 것이리라.

　계곡과 계곡마다 작은 길을 따라 관음·보현·문수·석가모니·가섭·아난 등 크고 작은 불상과 보살상이 빽빽하게 부조되어 있다. 사람의 손길이 닿은 보살상의 손이나 발에는 사람들의 손때가 묻어 빤질빤질하다. 특히 보현보살이 타고 있는 코끼리의 코와 오른손은 아예 새카맣다. 중생들의 마음이 어린 곳이라고 생각하니, 이름 모를 이들의 따뜻한 마음이 전해온다. 한편 남송시대에 조각되었다고 하는 포대미륵

영은사 포대화상

불은 웃는 모습이 기막히다. 이 포대화상은 길이 9.9미터, 높이 3.3미터로 비래봉 조각 가운데 최대이며, 비래봉의 대표작이다.

마침 비가 온 오후인데다 날씨가 좋지 않았지만, 곳곳마다 부조·조각된 나한상과 불상을 대하면서 사진을 어지간히도 많이 찍었다. 저녁에 숙소로 돌아와 낮에 찍은 카메라를 보니, 똑같은 사진만 해도 몇 장이다. 그렇게 많은 부처님을 뵙고도 볼 때마다 환희심이 나니, 아무래도 나는 중노릇밖에 할 게 없는가 보다. 근 2시간을 넘게 석불을 대하고, 영은사로 들어갔다.

영은사는 인도 승려 혜리가 동진시대인 326년에 창건하였으니, 1600여 년의 역사를 지닌 곳이다. 그는 "이곳에 선령仙靈이 숨어 있다."고 찬탄하며 절을 세웠다고 한다. 천왕전에는 '운림선사雲林禪寺'라는 편액이 걸려 있는데, 이는 청나라 강희제(1661~1722년 재위)가 쓴 것이다. 청나라 강희제가 북고봉北高峯4)에 올라, 영은사를 보니 구름이 자욱하고 안개가 덮인 곳에 절이 있는 것을 보고 '운림雲林'이라고 하였다. 이후부터 참배객들이 몰려왔다고 하는데, 필자가 참배할 때도 사람들이 얼마나 많은지 인간 구경하러 온 느낌이 들 정도이다.

이 사찰은 11세기 당나라 말기 오대 때에 최고로 발달했는데 9개의 건축물, 18각閣, 72전당殿堂, 승려가 3천여 명에 이를 정도였다고 한다. 청나라 때 화재로 소실되었다가 다시 재건되었다.

500나한전에서 참배를 하고 도량 주변을 돌아보고 있는데, 대웅전에서 종소리가 들렸다. 이 대웅전은 높이 33.6미터로 중국의 고건축물 예술의 대표라고 한다. 대웅전의 부처님은 높이 24.8미터로, 1956년 절강浙江대학 교수와 예술인들의 합작으로 당나라 때 저명한 조형을 본따서 20가지 (장목)나무로 조성한 것이다. 이는 중국 최대의 목불좌상이다.

대웅전에 이르니 저녁예불 시간이었다. 일반 관광객은 들어갈 수 없고 스님들만 40여 명 예불을 하고 있다. 문살창 틈으로 사진을 찍고, 저녁예불이 끝날 때까지 서있을 참이었다. 그런데 승치僧值[5]스님이 나를 보고 법당 안으로 들어오라고 하셨다. 예불 드리는데, 불청객이 끼어들어 방해하는가 싶어 조심스러웠지만, 그래도 중국 사찰에서 드리는 저녁예불에 참석하고 싶어 법당 안으로 들어갔다. 양쪽으로 스님들이 나누어 서로 마주보고 염불을 하고, 한 스님이 중간에 서서 간간히 절을 하였다. 4시부터 시작해서 45분 동안 저녁예불[晩課]은 계속되었는데, 《아미타경》 독송 → 나무아미타불 정근 → 88불 명호 염하기 → 참회문 순서로 하였다. 나중에 알아보니, 새벽예불은 능엄주와 대비주를 염한다고 한다.

승치스님은 내게, 중간에 스님네들이 법당 안을 돌면서 아미타불 염불을 할 때나 정근을 할 때에도 대중스님들 뒤를 따라 가라고 손짓했다. 불가佛家는 겉으로 보기에는 비구·비구니가 평등한 것 같지만, 실제로는 차별이 심하다. 비구 도량에 비구니가 함부로 드나드는 것을 금

영은사 저녁예불 장면

하는 비구도 있을 정도이다. 그런데도 필자에게 비구스님들 예불하는 데 함께 동참할 수 있도록 해 준 스님께 고마웠다. 비구니로서 승려다운 대우를 받았기 때문이다. 예불이 끝나고 승치스님께 제대로 인사도 못 하고 나왔다. 법당 앞에는 북송 때 세운 옛 탑이 있는데, 큰 나무 양쪽에 서 있는 품이 그윽한 향기를 풍기는 듯하다.

예불을 끝내고 나오니 사찰 문 닫을 시간이라고 관리들이 외친다. 서둘러 미처 참배하지 못한 곳들을 돌아보았다. 도서관에 가보니 다른 사찰보다는 경전 및 사전, 출판물, 불교잡지 등이 나름대로 질서정연하게 꽂혀 있다. 드디어 오후 5시, 필자는 관리인들에 의해 쫓겨나고 있는데 이 절 스님네들은 해지는 노을을 등지고 수목이 드리워진 그윽한 도량을 한가로이 거닌다. 아! 내 조국 사찰이 그립다.

영은사 도서관

▶▶오늘의 행보 : 서호 → 영은사

주)
1) 7세기 초, 수나라 양제가 북쪽의 북경·천진에서 남쪽의 항주에 이르는 5대 강인 회하淮河·황하黃河·양자강·전당강錢塘江·백하白河의 지류들을 서로 연결하고 강을 넓혀 대규모의 운하를 만들었다. 이 운하의 길이는 2천킬로미터이다. 이 강들이 서로 연결되어 중국이라는 거대한 몸체를 관류하는 대동맥의 역할을 담당하게 된 것이다.
2) 백제는 당나라 때, 백거이(772~846년)가 항주 태수로 있을 때 만든 제방이다.
3) 소제는 송나라 때, 소동파(1036~1101년)가 항주 자사로 있을 때 만든 제방이다.
4) 영은사를 기준으로 앞은 비래봉이요, 뒤는 북고봉이다. 도량의 전당은 천왕전, 대웅보전, 연등각, 대비각, 회랑回廊, 상방廂房 등이다.
5) 승치는 승려들의 계율이나 위의를 관리하는 스님인데, 한국으로 치면 입승스님에 해당될 것 같다.

안휘성, 절강성
(安徽省 안후이성, 浙江省 저장성)

지옥이 비워질 때까지 성불하지 않으리라
안휘성 | 구화산 지장도량 ❶

중생을 제도해 마침에　　　衆生度盡
그들이 보리를 증득하고　　　方證菩提
지옥이 다 비워질 때까지　　　地獄未空
결정코 부처가 되지 않으리라.　誓不爲佛

　　　　　　　　　　　　지장보살 서원

항주杭州 버스터미널에서 새벽 6시 반, 하루 한 차례 구화산 九華山 가는 버스가 있다. 그 버스를 타기 위해 터미널 근방 숙소에서 잠을 자고 새벽부터 서둘렀다. 차표를 사고 버스를 기다리는데, 스님 한 분이 들어왔다. 이 스님은 복건福建성 영덕寧德시 영축선사의 주지인 종덕宗德 스님인데, 자신이 출가했던 구화산에 가서 스승께 인사드리고 도반도 만나러 간다는 것이다. 버스가 출발한 지 8시간 만에 구화산 터미널에 내린 다음, 다시 버스를 타고 구화산 입구 마을로 들어갔다. 그곳에서 또 택시로 구화산까지 들어갔으니 자그마치 하루 9시간을 차에서 보낸 셈이다. 다행히도 스님 덕분에 구화산 들어가는 고생을 덜었다. 종덕 스님께서 출가했던 상선당上禪堂에서 며칠을 묵기로 했다.

객실에서 종덕 스님과 상선낭의 몇몇 스님들은 만나자마자 담소를 나누는 데 여념이 없다. 그런 와중에 종덕 스님이 상선당 스님 한 분에게 책을 내 주는데 마오쩌둥 전기집이다. 책을 받은 스님은 30대 초반으로, 종덕 스님께 구해달라고 부탁했다는 것이다. 스님께 "마오쩌둥을 좋아하느냐?"고 여쭈었더니, "그렇다."고 한다. 사회주의 사상을 교육받으며 자란 세대이니 당연히 좋아할 수 있다고 생각하면서도 조금 의아하다. 종교를 마약이라고 치부하는 사회주의 국가요, 마오쩌둥은 중국 공산당을 이룩했을 뿐만 아니라 문화혁명을 통해 불교를 말살시킨 장본인이 아닌가. 현재 마오쩌둥에 관해서는 여러 가지 평가가 있지만, 그래도 중국 근현대사의 대표적인 인물로 받들어지고 있으며, 심지어는 마오쩌둥 사진을 집에 걸어 놓거나 차에 걸어 놓고 신처럼 떠받드는 중국인도 많다.

각설하고, 대화를 나누는 그들을 멀리하고 산문으로 나와 시간을 보니 오후 4시다. 한국에서도 두어 번 구화산 성지순례 기회가 있었으나 시간이 여의치 못해 오지 못했던 곳이다. 그 한을 풀기 위해 이번 구화산 여정을 마음껏 누리기로 했다.

구화산은 안휘安徽성 서남쪽에 위치하는데, 오대산(문수)·아미산(보현)·보타산(관음)과 함께 불교 4대 명산 가운데 지장보살 도량이다. 이 산의 원래 명칭은 '구자산九子山'이다. 당나라 때 시인 이태백이 아홉 봉우리의 수려함이 마치 연꽃과 같다고 찬탄하면서, "신령스러운 산은 아홉 개의 꽃봉오리를 피운다."고 한 데서 유래되어 구화산九華山이라고 하였다.

먼저 상선당에서 10분 거리에 위치한 육신보전肉身寶殿으로 발길을

구화산 전경

돌렸다. 4시 30분인데, 벌써 10여 분의 스님들이 모여 저녁예불을 하고 있다. 육신보전 내의 전각을 둘러싸고 둥그렇게 서서 염불을 하는데, 이곳에서는 88불佛의 명호를 염한다고 한다.

　육신보전은 구화산의 상징적인 사찰로, 신라 김교각 스님(693~794년)의 육신이 모셔진 곳이다. 이곳은 한국인들이 가장 많이 찾는 곳인지라, 안내판에도 한글이 기재되어 있다. 잘못된 곳을 고쳐서 대략 옮겨 본다.

　　'김지장 월신보전'이라 불렀나. 보살이 응화하여 전신全身을 안장했던 월신탑月身塔이다. 신라 고승으로 24세 때 당나라로 건너와 구화산에 거주했다. 각고의 수행으로 성불한 뒤, 794년 99세에 가부좌를 틀고

구화산 육신보전 당우

열반했다. 비단으로 감싼 손이 부드러웠고 금빛나는 쇄골은 소리가 나는 등 신비로움이 뚜렷했다. 이후 사람들은 그를 지장보살의 화신으로 여기고 '김지장'이라 불렀다. 화장한 뒤, 유골을 수습하여 항아리에 넣은 다음 신광령 위에 탑을 세웠다. 이후 전각에 안치하고 월신보전이라 불렀다. 세월이 흘러 몇 번의 보수작업이 있었는데, 특히 명나라 때 조정에서 보수작업을 한 뒤 '호국월신보탑護國月身寶塔'이라는 이름을 하사했으며, 청나라 때도 보수작업이 있었다. 2004년 강택민 주석이 월신보전을 시찰하고 '호국월신보전'이라는 편액을 써 주었다.

위의 안내판에 있는 내용에다 조금 덧붙이면 이러하다. 719년 당나라 때, 왕권쟁탈에 환멸을 느낀 신라의 김교각 스님은 구화산으로 들어갔다. 이곳에 들어온 뒤, 산봉우리와 동굴 안에서 뼈를 깎는 수행을 하

구화산 김교각 육신보탑

였다. 한 번은 스님께서 동아봉 큰 돌 위에 앉아 염불을 하고 있었다. 이때 독벌레에게 물렸는데도 자세를 흩뜨리지 않고 계속 정진을 할 정도였다고 한다. 이에 산신이 감동하여 미인으로 둔갑하여 약을 갖다 주고 맑은 샘물을 바쳤다. 이때부터 스님이 앉은 돌에서 샘물이 솟았다고 한다. 스님께서는 80년 간을 구화산에서 수행하고 99세에 입적했다. 이때 갑자기 산이 진동하고 돌이 굴렀으며, 종을 치니 종이 소리 없이 땅에 떨어지고 지붕의 서까래도 크게 훼손되었다. 제자들은 스님의 육신을 큰 항아리에 모시고 뚜껑을 봉했다. 3년 후 개봉하여 보니, 옷은 부패하였지만 살은 그대로이고 얼굴색은 생전과 꼭 같았다. 또한 관절에서는 쇳소리가 났는데 석탑 속에 육신을 안장할 때 신비한 빛이 감돌았다고 한다. 유골이 담긴 항아리를 전각 안에 모시고, 그 당우를 육신전이라고 하였다.

예전에는 중국이 자기네 나라가 이 세상에서 중심이요, 최고라는 착각이 심했다. 한국을 포함한 주변국가는 모두 오랑캐라고 했으며, 무력을 행사하면서까지 조공을 바치게 하였다. 하다못해 광동성 사람인 6조 혜능六祖慧能(638~713년) 선사에게 "오랑캐족이 어떻게 깨달을 수 있겠느냐?"는 표현이 나올 정도였으니. 이런 중국이 신라 교각 스님을 지장보살의 화신으로 떠받들고, 지금도 이렇게 유지되고 있다는 점에 무한한 긍지를 느낀다. 구화산을 다니는 내내, "어디서 왔느냐?"고 물으면 자랑스럽게 대답했다. "위대한 나의 조국 대한민국에서 왔다."고.

다음날 아침, 종덕 스님과 상선암 주지스님, 신도들과 함께 구화산을 오르기로 했다. 처음에는 너무 높은 산이어서 엄두가 나지 않았지만, 사부대중과 함께하는 산행이고 보니 이런 기회에 지장보살의 얼이 담긴 산에 오르기로 마음을 다잡았다. 상선암 뒤편에서 아침 7시에 출발해서 회향각回向閣 → 접인암接引庵 → 비구니사찰군群(25곳) → 금강사 → 혜거선사 → 길상사 → 장생길동長生古洞 → 복흥암 → 조양암 → 관음암(관음봉觀音峰) → 고배경대古拜經台 → 천태사에 도착했다. 정상인 천태사가 해발 1,350미터인데다 산이 너무 가파라서 길 전체가 계단식이다.

천태사天台寺는 원래 지장사라고 불리었는데 교각 스님이 거주하던 고찰이었다고 한다. 이 절은 명·청나라 때 재건불사를 한 것으로, 당우는 명나라 때와 청나라 때 건축물이다. 산세를 따라 지은 5층 누각으로 법당 내의 대들보와 벽제 사이에는 작은 목불들이 걸려 있다. 이 목불들은 향 연기로 인해 마치 철불상처럼 보인다. 송나라 때 고승 종고宗杲가 천태사를 칭하여 게를 지었다.

천태를 두루 다녀도 소리가 나지 않건만,　　踏遍天台不作聲
맑은 종소리 한 울림이 만산에 울려 퍼지네.　清鍾一杵万山鳴

천태사에서 점심공양을 하고 오전 11시부터 다시 산행을 시작했다. 화대花臺(또한 '천태대'라고 함) 능선이 시작되었다. 산맥을 지나는 동안 중간 곳곳마다 탄성이 저절로 나왔다. 사진으로 찍는다고 해도 도저히 성이 차지 않을 만큼 장엄한 계곡폭포와 기암괴석, 천연동굴, 푸른 소나무와 대나무가 많아 산수 경치가 독특하고 아름답다. 예부터 '동남東南 제일산'으로 불리는데, 산에 오르고서야 이 말을 실감했다. 아마도 중국인들은 지장보살의 서원이 너무나 위대하고 감히 표현할 수 없는 인간의 극치이기에 이곳을 지장보살이 머무는 곳으로 정하지 않았나 싶다.

몇 년 전 해인사에서 불교세미나가 있어, 행사가 끝나고 20여 명이 함께 가야산을 산행한 적이 있다. 그때 대중들은 길을 잃고 고생하면서도 산세의 위압감과 웅장함에 감탄하곤 했다. 일행 중 한 교수님이 이런 말을 했다. "스님, 산이 이렇게 크고 깊기 때문에 아랫절에 큰스님

구화산 화대능선①

이 많이 나오는 것이 아닐까요?" 잊었던 말이다. 구화산의 깊고 그윽한 자연의 묘미를 살린 곳에 김지장 스님의 서원이 어려 있음은 당연한 일이리라.

오후 내내 "와 하오칸(아름답다)…"를 연발했더니 중국보살님들은 내 흉내를 내면서 몇 번 놀리곤 한다. 화대능선만 5시간 가량 걸었으니 길고 긴 능선이다. 화대능선에서 문수동文殊洞을 지나 오후 5시에 하산하였으니 10시간이 소요된 산행이다. 자칫 구화산 내 가까운 부근의 사찰들만 순례하고 구화산을 다녀왔다고 말할 뻔 했으니, 이번 산행을 통해 구화산의 깊음을 알게 된 것에 다행이라 생각된다.

산행에 동참한 스님 두 분과 재가불자님들은 중국인이요, 필자만 한국인이었다. 지장보살의 정신과 서원을 마음에 새기고자 했던 하나의 목적이 있었기에, 언어의 장벽을 넘어 즐거운 시간을 함께할 수 있었던 아름다운 동행이었다.

▶▶이틀 간의 행보 : 상선당 → 육신보전→ 구화산 화대능선 등산(오르는 길녘의 수많은 사찰과 천태사 참배)

구화산 화대능선②

신라 승려 김교각의 발자취를 따라서
안휘성 | 구화산 지장도량 ❷

어제 하루 종일 구화산을 등산한 탓인지 온몸이 여기저기 쑤시고 무거운데다 아침부터 비가 내린다. 비 때문에 방안에서 하루를 보내려고 하니, 시간이 너무 아까워 도저히 가만히 있을 수 없었다. 비를 맞더라도 오늘 계획한 사찰을 참배하기로 하고 길을 나섰다. 그런데 웬 비가 이렇게도 많이 오는지, 안개까지 뿌옇게 끼어 한 치 앞도 볼 수 없는 길을 터벅터벅 걸으며 기원사를 향했다.

부처님 재세시 '급고독장자' 라는 사람이 부처님께 절을 지어 보시하려고 했다. 마침 동산이 하나 있는데, 그 동산은 기타태자의 소유지였다. 장자가 태자에게 사정을 말하자, 태자는 "동산에 금을 다 깔면 팔겠다."고 한다. 장자가 금을 동산에 깔자, 태자가 그 모습에 감동을 받고 함께 보시하는 데 동참함으로써 기원정사가 지어졌다. 이곳에서 부처님께서는 25안거를 나셨고, 《금강경》을 설법한 장소로 유명하다. 인도 기원정사 유적지에 가보면 사리불과 목련존자의 탑이 있는 등 그 옛날 수많은 승려들이 거주했을 큰 도량임을 알 수 있다. 이처럼 거대한 불사를 이룬 이들을 생각하며 유적지를 걷다보니 어느새 기원사에 도착했다.

기원사祇園寺는 16세기 명나라 때 창건되었고, 청나라 때 몇 번이나 재건을 거듭했다. 이 절 산문 앞에 백여 개의 긴 석판石板을 깔아놓은 길이 있다. 석판 중간은 연꽃으로 조각되어 있고, 양쪽 끝에는 옛날 화폐로 조각되어 있다. 이는 급고독장자가 동산에 금을 깔음으로 해서 기

기원사 산문

원정사가 세워졌다는 것을 상징하는 것으로 보인다.

　기원사 산문을 영관전靈官殿이라고 한다. 산문 내의 호법신장은 불교의 신장이 아니라 도교의 호법신인 왕영관王靈官이다. 불교의 호법신인 위타韋陀가 장원壯元을 한 명 죽였는데, 이로 인해 지장보살이 그에게 법을 보호하지 못하게 하고 도교의 호법신인 왕영관에게 청했기 때문이다. 기원사뿐만 아니라 구화산 내 다른 절의 호법신장도 왕영관이다. 이 유래가 어디서부터 발단되었는지 모르지만, 재미있는 이야기로 받아들이면 될 것 같다.

　어쨌든 나름대로 기대를 하고 찾아갔던 곳이다. 그런데 막상 들어가서 보니 들어가는 입구부터 산만한 분위기다. 안쪽으로 들어가니 경전을 공부하는 강당講堂과 장경루, 선당禪堂이 있는 것으로 보아 예전에는 선교를 겸한 대 사찰이었음을 알 수 있다. 그러나 이제는 승려가 공부하는 당우가 아니라, 관광객이나 신도들의 숙소로 사용되고 있다. 기원사에서 나와 오른쪽으로 돌아가면, 백세궁 올라가는 길이다.

백세궁百歲宮이 해발 840미터인 곳에 위치하기 때문에 이곳에 가려면 구화산 거리에서 50여 분 정도 계단을 통해 걸어 올라가야 한다. 마침 비도 부슬부슬 내리고 여행의 객기도 마음껏 누릴 겸 걸어 올라가기로 했다. 이곳도 사람이 많이 오는지라 정상까지 운행하는 케이블카가 있다. 비교적 완만하게 오르기 때문에 케이블카라기보다는 놀이공원에서 타는 것과 비슷해 보였다. 중국은 걸어갈 수 있는 웬만한 거리나 산 능선 등 도처마다 케이블카를 설치해 놓고 돈을 버는데, 좀 지나치다 싶을 정도이다. 케이블카 비용도 40원(한국돈 5,000원) 정도인데 그리 싼 편은 아니다. 이렇게 경제적 수입을 올리면서도 제대로 화장실 하나 반듯하게 설치해 놓은 곳이 없다. 도대체 무슨 놈의 심보인지 알다가도 모를 일이다.

백세궁은 구화산 4대 사찰[1] 가운데 하나이다. 무하無瑕 화상(1513~1623년)의 육신이 대전에 안치되어 있는데, 300여 년이 흐른 지금까지 썩지 않았다고 한다.[2] 이 절은 명나라 때에 창건되었는데, 바위 위에 위치한 사찰로서 당우와 자연이 절묘하게 조화를 이루고 있다. 처음 이곳에 무하 화상이 와서 엉성한 띠집을 짓고 수행했는데, 이 띠집을 적성암摘星

승려가 열반한 뒤, 육신을 모셔놓는 항아리

庵이라고 하였다. 그는 이곳에서 100세까지 살았는데, 사람들이 그를 보살의 화신이라고 불렀다. 명나라 황제가 그 소리를 듣고, 띠집을 헐고 절을 지어 주면서 현재의 이름인 백세궁이 되었다. 몇 차례 화재로 인해 소실되었다가 다시 복원되면서 만년사万年寺라고도 칭한다.

　마침 백세궁을 나와 동애선사東崖禪寺로 가는 길녘에서 화가이자 사진작가인 거사님 한 분을 만났다. 그는 남방 사찰과 산만 두어 달을 넘게 다녔고 앞으로도 한 달은 더 다닐 생각이란다. 오후에 이 화가와 함께 사찰 순례를 했는데 불교에 대한 용어가 해박했고, 부처님께 절하는 모습을 보니 지극해 보인다. 백세궁에서 동애사까지 걷는 동안 비가 그치면서 구화산 내의 거리와 어제 산행했던 천태사와 시왕봉, 화대능선이 한눈에 들어왔다. 어제는 그 산속에서 절경에 취했었는데, 오늘은 그

비경을 한눈에 조망할 수 있는 자리에서 층층으로 쌓인 구름과 무지개 빛 장관을 보았다. 어디 신선이 따로 있으랴! 잠시 말을 잊은 채 서 있었다.

동애선사東崖禪寺는 구화산 동쪽 해발 871미터인 봉우리 정상 큰 바위에 위치한다. 이 절은 명나라 때에 어떤 승려가 안좌당을 지어 살기 시작한 곳으로, 구화산 전체를 조망해 볼 수 있는 최적지다. 동애선사를 둘러싼 주위가 명승고적이다. 언덕 동쪽에 있는 동굴은 매우 깊고 넓이가 3미터인데, 동굴 입구의 구름은 마치 하얀 눈이 쌓여 있는 것처럼 보인다. 그래서 퇴운동堆雲洞이라고 하는데, 이곳은 교각 스님이 구화산에 와서 처음으로 수행한 장소라고 한다. 동굴 위 동암東岩은 크고 반듯해서 교각 스님이 항상 이곳에서 경전을 독송하며 주위 경관을 바라보았고, 고요히 참선에 들었다고 한다. 이곳을 안좌암晏坐岩이라고도 부른다.

깎아지른 절벽의 서쪽과 남쪽에 마애석각이 있다. 남쪽은 비신처飛身處라고 하는데, 전설에 의하면 김교각 스님이 동쪽 절벽쪽으로 나아갈 때 출입했던 곳이었다고 한다. 서쪽에는 운심처雲深處, 운방雲舫, 증주경화상게贈周經和尙偈라고 하는데 이는 왕양명이라는 사람이 쓴 것이다. 구름이 솟아날 때 멀리서 바위를 바라보면, 그 형상이 마치 거대한 배처럼 보이는데, 이는 구화산의 10대 풍경 가운데 하나이다.

구화산 토지묘

　구화산은 분명히 지장보살 도량이지만, 사찰마다 관음보살을 모신 곳이 많았고 이곳을 찾는 이들이 대부분 아미타불을 염했다. 물론 지장보살을 염하든, 관음보살을 염하든, 아미타불을 염하든, 모두 불보살의 화신이지만, 중국인들은 관음보살과 아미타불을 많이 염한다.

　한편 구화산 내 길녘 여러 곳에서 토지묘土地廟를 보았다. 작은 집을 꾸며놓고 토지신土地神을 모셔 놓은 곳이다. 오곡이 풍성하고 재물과 복덕을 불러들임을 강조하는 일종의 중국 민속신앙 중의 하나이다.

　중국은 술을 주관하는 주신酒神이 있고, 부엌을 주관하는 부엌신도 있으며, 전쟁 나가기 전에 승리를 기원하는 전쟁신 등 현세구복적인 민간신앙이 매우 강하다.

　청나라 말기, 구화산에는 300여 개의 절과 5천여 명의 승려가 있었는데, 현재는 6,000여 존尊의 불상과 1,300여 건의 유물, 84곳의 사찰, 700여 명의 승려가 거주한다고 한다. 그러나 산 속 깊은 산골에는 스님인지 재가거사인지 알 수 없는 정체불명의 사람들이 작은 동굴이나 작은 공간에 부처님을 모시고 사는 암자도 많다. 또한 '비구니스님들 사찰군'이라는 이름으로 겨우 법당 하나에다 요사채도 허름한 암자가 모여 있는 곳(대략 25곳)도 있다.

한국의 25교구본사는 비구스님들이 거주하고 비구니스님들은 겨우 암자에나 거주할 수 있다. 그렇지 못한 경우 비구니스님들은 자신의 경제적 능력으로 사찰을 마련하고 노년을 준비해야 한다. 이 말을 하면서도 왠지 목이 메고 가슴이 아프다. 결국 다른 사람 문제가 아닌 내 앞에 닥친 현실이기 때문이다. 오대산에서는 이런 점을 느끼지 못했는데 구화산 내 큰 절에는 대부분 비구스님들이 상주한다.

동애선사에서 구화산 내 거리로 하산하여 화성사로 향했다.

화성사化城寺는 구화산 4대 사찰 가운데 중요 사찰이다. 이곳은 교각 스님의 출생에서부터 출가, 입당, 수행, 입적 등 일생을 그린 십여 장의 그림과 교각 스님이 수행했던 당시의 유물들이 전시되어 있다.

이 절은 교각 스님이 생전했을 때 창건된 곳이다. 어느 일행이 이곳에 왔다가 석굴에서 면벽하고 계신 교각 스님을 보았는데, 스님의 발우에는 흰 모래와 소량의 쌀이 담겨져 있었다. 그들은 스님의 정진력에

화성사에 전시된 김교각 스님의 유물

　감동하여 절을 지어 교각 스님께 보시했다. 이에 화성사는 구화산의 개산開山사원으로서 757년 교각 스님을 위해서 창건된 절이다. 화성사 건립 이후 스님의 명성이 널리 알려져 찾아오는 승려와 신도들이 끊이지 않았다고 한다. '화성사'라고 하는 이름은 명나라 때부터 불리었다.

　1857년 청나라 때 절이 화재로 소실되어 다시 재건되었다. 주요 건축물은 대웅보전과 장경루이다. 이 두 건물 사이에 있는 마당의 담장벽 위에 명나라 때 비석 3좌座와 청나라 때 비석 11좌가 있다. 장경루는 화성사에서 유일한 명나라 건축물인데, 법당 내부는 빛이 충분히 들어오고 먼지가 쌓이지 않으며 벌레가 없을 정도로 과학적으로 지어졌다고 한다. 이곳에 명나라 때 판본된 《열반경》과 피로 쓴 《화엄경》 등 중요

문물이 보존되어 있다.

▶▶오늘의 행보 : 기원사 → 백세궁 → 동애선사 → 화성사

주)
1) 구화산 4대사찰은 육신보전 · 화성사 · 기원사 · 백세궁이다.
2) 가사를 수하고 머리에 모자를 쓴 채로 썩지 않았다.

설마 한국승려이랴!
안휘성 | 황산

끝없이 가득가득 채우려는 어리석은 짓은 그만두어라.
쇠를 두들겨 끝을 예리하게 하면 오래 간직할 수 없다.
황금과 보물을 가득 쌓아두면, 결국 자기만 힘드니라.
부귀영화를 누리고 아만심이 높으면 반드시 허물을 남긴다.
공을 세우면 몸을 뒤로 빼고 남에게 돌리는 것이 하늘의 도리이니라.

노자

중국 동남방에 위치한 안휘성安徽省은 『도덕경』의 저자인 노자老子의 고향이다. 노자는 명리에 집착하지 않고 홀로 도를 닦아 큰 경지에 이른 성인이다. 전 세계적으로 성경 다음으로 많이 읽히는 책이 노자의 『도덕경』이라고 한다. 그는 초이상적인 사회를 추구하는 것이 아닌 현실사회에서 처신해야 할 지혜를 강조했다. 그런 자연철학자 노자를 배출한 안휘성에 구화산과 황산이 있는 것은 지극히 당연해 보인다.

구화산에서 황산으로 가는 버스가 오전 6시 30분, 하루 한 차례 있다. 새벽부터 서둘러 구화산에서 30여 분 택시를 타고 나와 버스를 타야 했다. 어스름한 새벽별을 보면서 황산까지 가는 버스에 오르니, 도대체 내가 무엇을 얻고자 황산으로 떠나는지 내 존재 의미가 불확실하다.

황산黃山에 도착하니 오전 10시였다. 버스 안내원이 황산 부근의 숙소에다 미리 전화를 해놓았는지 숙소 주인이 황산 터미널 길녘에서 기다리고 서 있다가 내 짐을 들고 앞질러 간다. 어쩔 수 없이 그 숙소에

황산 풍경①

짐을 풀고 점심을 먹고 나니 오전 11시가 조금 못된 시간이다. 황산 부근으로 가서 산을 바라보며 차茶라도 한 잔 하려고 하니, 웬 비는 그렇게도 많이 오는지 도저히 나갈 마음이 내키지 않는다.

　호텔이나 주민들이 모여 사는 온천구부터 운곡사까지 황산관광공사에서 운행하는 차가 다닌다. 단체여행이 아닐 경우에는 이 버스를 이용하면 된다. 마침 버스가 오기에 탔더니, 비가 온 탓인지 손님이 한 명도 없다. 버스에서 내려 매표소 앞에서 우비와 장화를 살 수밖에 없었다. 이 놈의 비 때문에 말이다.

　황산은 천 개의 봉우리가 있어 하루에도 몇 번씩 날씨가 화창하다가도 갑자기 비가 오고, 또 금방 좋아지는 등 날씨 변화가 잦다고 한다. 아무래도 누굴 닮은 모양이다. 그래서 이곳에서는 평소에 비가 오지 않아도 우비와 장화를 필수품처럼 준비해야 한다고 한다. 게다가 비까지 오니 당연히 준비해야 하리라.

우비와 장화를 사려고 상점을 기웃거리니 한국인임을 금방 알아본다. 아마도 한국인이 이곳에 많이 오는지 상점의 주인들은 한국말로 "얼마에 살거니?", "이것 20원." 등 한국인으로부터 주워들은 말을 계속 했다. 또한 산에 오르니 길녘마다 안내판에 한국말이 꼭 쓰여 있었다. 세계문화유산 가운데 하나인 황산에 한국말 안내판이 있다는 사실, 참으로 기분 좋은 일이다.

각설하고, 장화가 30원(한국돈 3,800원)이라고 한다. 분명 얼마까지 깎아야 하는지를 알기 때문에 10원에 달라고 했더니, 주인이 순순히 대답한다. 오른쪽 신발을 신어보고 왼쪽을 신으려고 하니, 신발 한짝에 10원이라고 한다. 속으로 '그러면 그렇지! 당신들이 그렇게 순순히 답하는게 이상하지.' 하고 생각하며 대뜸 안 사겠다고 으름장을 놓았더니, 10원에 가져가라고 한다.

우중에도 사람들이 만원이다. 운곡사 입구에서 케이블카를 타고 백아령까지 가는데, 많은 관광객들이 이 케이블카를 이용한다. 나는 핑계이긴 하지만 비가 너무 많이 오기 때문에 케이블카를 타기로 했다. 케이블카를 타고 오르는데, 운무를 헤치고 펼쳐지는 황산의 비경은 이루 말할 수 없이 아름답다. 도대체 산신이 사는 곳이라, 사람이 근접해도 되는지 산신에게 여쭙고 싶을 정도이다. 황산은 옛날부터 신기한 소나무, 기암

괴석, 층층으로 쌓인 구름과 너울대는 안개, 온천으로 알려져 있다.

황산의 계곡이나 몇 개 지명을 보면 불교적인 이름이 꽤 많다. 운곡사 입구가 바로 황산 들어가는 입구인데, 해발 900미터 정도 되는 곳에 위치해 있다. 황산에 최초로 세워진 사찰로서, 5세기 남북조시대 때 신라 승려에 의해 창건되었다. 사찰 유적지라는 흔적은 사라졌지만, 운곡사라는 지명은 여전히 사용되고 있다.

그 외에 사찰 지명은 반산사半山寺, 삼존대불, 복고사, 조교암 등이 있다. 또한 불교적인 이름을 쓰고 있는 지명은 관음봉, 18나한, 연화봉, 사자봉, 자광각慈光閣, 불장봉佛掌峰 등이 있다. 사자봉 주변에는 탑이 하나 있는데, '금릉 이법주거사탑'이라고 쓰여 있었

이법주 거사탑

다. 중국에서는 불교신자 남녀 모두 '거사居士'라고 호칭한다. 이 탑이 어떤 연유로 이곳에 세워졌는지 모르겠지만, 그 이전에 황산에 존재했던 운곡사와 그리 멀지 않은 곳에 위치해 있다.

필자가 우비를 입어서 사람들이 승려임을 못 알아볼 줄 알았다. 이번 기회에 껌도 사서 질겅질겅 마음 놓고 씹어보고, 누가 내게 기분 나쁘게 쳐다보면 시비도 걸어보고, 마음대로 손도 휘젓고 다닐 참이었는데

황산 풍경②

 어떻게 용케도 중국인들 중에는 승려임을 알아보고 합장하는 사람도 있다. 한국인도 꽤 많이 지나쳤는데, '설마 이곳에 한국 승려가 오랴' 싶었는지 그냥 지나친다. 결국 승려임을 알아보는 이들이 있어, 한 번쯤 객기를 부릴 비상의 날개가 한순간에 꺾이었다.
 케이블카를 타고 내린 백아령에서 광명정, 사자봉, 시신봉, 북해北海 주변을 몇 시간 동안 맴돌았다. 대개는 아침 일찍 황산에 올라와 하루를 산에서 보내든지, 아니면 오후에 올라와 산 정상 주변을 둘러본 다음, 황산 내에 있는 호텔(대략 5~6개 있음)에서 하루 묵고 그 다음날 다시 내려간다고 한다.
 오후 5시 어둑어둑해지기 시작할 무렵, 하산하기로 마음먹었다. 황산 내에 있는 숙소에서 잠을 자고 싶었지만, 우비를 입고 우산을 썼는

황산 풍경③

데도 속옷까지 다 젖어 건강에 이상이 오는 것이 두려웠기 때문이었다. 아무튼 15원(한국돈 2,000원) 주고 산 우비를 입으나마나 하게 만들어 놓고, 처음에 30원을 내라고 했으니 양심 불량한 중국인이다. 게다가 신발은 왜 또 그리 새는지 발바닥에서 한기까지 올라왔다.

  그래도 이왕 온 산이니 2시간 정도 소요되는 길을 택해 걸어 내려가기로 마음먹었다. 하산하는 길녘 내내 안개까지 어스름히 걸려 있는 황산의 비경이 한눈에 들어왔다. 눈에 비치는 비경은 감히 글로 표현하기에도 부족하고 사진으로 남긴다고 해도 모자랄 만큼 마치 신神들의 동산같다. 동양화가들이 왜 그림을 그리는지 그 이유를 알 것도 같았다.

  거의 다 내려왔을 즈음에는 한 치 앞도 보이지 않는 어둠이 깔려 있었다. 야맹증이 있어 발걸음을 늦추고 걸으면서 황산과 한국의 설악산,

지리산을 비교해 본다. 실은 필자가 한국인이라서가 아니라 설악산이나 지리산이 황산보다 더 아름답다.

20대 초반, 설악산에서 일 주일을 보낸 후 서울로 돌아와 몽유병 걸린 환자처럼 한동안 마음앓이를 했다. 봄의 철쭉과 여름의 계곡, 눈덮힌 설경, 대청봉 · 비룡폭포 · 공룡능선 · 천불동계곡 등의 위용과 비경을 어찌 잊으랴!

지리산 내 대원암 선방에서 첫 철을 나고, 해제하기 전에 선객들과 함께 지리산을 등반했었다. 그때 전 대중이 연하천산장에서 하룻밤을 묵었다. 그날 황혼 무렵 바라본 하늘의 장관과 해지는 노을은 지금도 잊혀지지 않는다. 이후 30대 중반까지 봄, 가을로 몇 년에 한 번씩 지리산을 다녔다. 지리산을 좋아하는 사람은 다 안다. 지리산은 감히 황산에 다 비교할 수 없을 만큼의 비경도 비경이지만, 그곳에 살기만 해도 그저 도인이 되는 뭔지 모를 힘을 품고 있다는 것을.

다음 날 일어나니, 정말 지겹게도 비가 내리고 있다. 아무래도 하늘에 구멍이 난 모양이다. 오늘은 황산 주변의 풍경을 둘러보며 중국의 10대 명차 중 하나인 황산 모봉毛峰차와 국화차를 한 잔 마시려고 했더니 하루 종일 비가 온다고 한다. 원래 관심사는 사찰이지만 중국의 명산이라고 해서 왔더니, 원도 한도 없이 비를 만나고 있다. 사찰 내에서 머문다면 또 몰라도 숙소에서 죽치고 하루를 보낸다는 게 용납되지 않는다. 일단 황산의 볼 것은 어느 정도 보았으니 절강성浙江省에 위치한 천태산天台山을 향해 떠나기로 했다.

천태지의와
대각국사 의천의 숨결이 깃든 곳
절강성 | 천태산 국청사

안휘安徽성 황산에서 절강浙江성 천태산을 가자면 일단 항주로 가서 항주에서 하루를 묵든지, 아니면 늦게라도 항주터미널에서 차를 바꿔 타는 방법밖에 없다. 대략 9시간 정도 소요될 것 같은데, 정말 대국大國은 대국이다.

"목적지까지 얼마나 걸리느냐?"고 물으면 중국인들은 대체로 "조금만 가면 된다."고 하는데 그 '조금'이란 보통 5~6시간이다. 그리고 '서울에서 부산가는 거리이거니' 생각하고 표를 끊으면 적어도 10시간이 넘는다.

이렇게 큰 땅을 가진 중국에 비해 한국의 국토는 매우 작다. 그러나 한국이라는 나라가 위대하고 단단한 사람들로 뭉친 민족임을 중국 여행하면서 느꼈다. 역사적으로 보면 중국의 주변국가들은 중국에 신하의 예를 갖추어야 했고, 한국도 예외는 아니었다. 하지만 당태종의 침입에도 굳건히 맞섰던 고구려의 기상, 고려의 삼별초의 항쟁 등을 보면 절대 중국에게 비굴하지 않았다는 점이다. 공산화된 이후, 많은 주변국가들이 대부분 중국의 그릇된 패권주의로 인해 자치화되었지만 한국은 당당히 선진 독립국가로 우뚝 서 있다.

중국역사를 보면, 명나라가 망한 원인 중의 하나는 왜구(일본)와 북쪽 오랑캐들의 침입이 잦았고, 일본은 청나라 말기부터 시작해 20세기 초까지 여러 지역에서 중국을 괴롭혔다. 그런데 한국이란 나라는 중국을 침입했다거나 싸움을 걸어본 적이 없었다. 그만큼 한국은 자존심을 내세우면서도 선량한 나라였다. 이 점에서 나는 승려이기에 앞서 한국인이란 사실이 자랑스럽다. 아니 한국인이라서가 아니라 역사가 증명하는 명백한 사실이요, 고국을 떠나보니 객관적으로 보이는 조국의 모습이다.

항주에서 1시간을 소요한 뒤, 예상했던 대로 9시간 만에 절강浙江성 천태현에 도착했다. 이곳에서 또 차를 타고 20여 분 달린 뒤, 국청사國淸寺에 내렸다. 객당客堂에 들어가 지객스님께 한국에서 온 승려인데 며칠 묵게 해달라고 했다. 스님은 포대화상처럼 생겼는데, 너무 쉽게 응락을 한다. 여권을 보자는 말 한마디 없이 내 가방을 들어 숙소를 향해 먼저 앞질러 간다. 한참을 구불구불 돌아 숙소에 도착해보니 꽤 규모가 큰 숙소이다. 이 절은 꽤 많은 객승과 신도들이 드나드는 곳임을 알 수 있다.

천태산은 산의 생김새가 천제가 있는 높은 자리와 비슷하다고 해서 천태산이라고 불리웠다. 원래는 이곳에 4세기 중엽 동진시대부터 사찰이 있었는데, 지의 선사가 이곳에서 수행했기 때문에 '천태' 라는 이름을 앞에 붙여 '천태지의天台智顗' 라고 하며, 천태종의 본산으로 알려져 있다.

천태지의(538~597년) 선사는 어려서 일찍이 부모를 여의고 18세에 출가했다. 구족계를 받은 뒤, 《법화경》과 《무량수경》을 읽고, 대소산에 들어가 혜사 선사[1] 밑에서 수행했다. 혜사의 지극한 지도 아래, 천태지

천태산 정상의 평원

의는 법화삼매를 증득하고 활연히 초선다라니初旋陀羅尼를 얻어 스승의 인가를 받았다. 이후 와관사에서 『대지도론』과 『차제선문次第禪門』, 『법화현의』를 강설했다. 이후 북주폐불을 피해 천태산으로 들어갔다. 천태산의 최고봉 화정華頂(해발 1,113미터)에서 두타행과 고행을 하며 수선사修禪寺를 세웠다. 이후 여러 곳에서 강의를 하며 수행했다. 여산에서 머물 무렵, 수나라 왕에게 계를 주고 왕으로부터 '지자智者'라는 호를 받았다. 지자 선사가 58세 무렵, 12년 만에 다시 천태산으로 들어갔다. 얼마 안 되어 병을 얻어 열반할 무렵, 제자들에게 《법화경》과 《무량수경》을 읽게 하고 "바라제목차(波羅提木叉 patimokkha : 계율)는 너희가 받들어야 할 것이요, 사종삼매四種三昧2)는 너희를 분명히 이끌 바니라." 하고 당부한 뒤 입적했다.

지의 선사 입적 4년 후(601년)에 수나라 진왕의 도움으로 천태산의 대표 사찰인 국청사가 창건되었다. 국청사는 현재도 중국을 비롯한 일본과 한국의 천태종 총본산이다. 지의가 강의한 《법화경》에 대한 해설서인 『법화문구』와 『법화현의』, 선수행의 지침서인 『마하지관』은 '천태 3대부'라고 부른다. 이 책들은 그의 제자 관정灌頂(561~632년)이 필록하였을 뿐만 아니라, 천태종을 창건하여 천태지자의 가르침이 이어지는 큰 역할을 했다.

천태종은 화엄종과 더불어 중국불교의 정화精華라고 할 만큼 천태교학은 뛰어나며 중국불교의 독특한 사상이다. 지의의 가르침은 교관2문 敎觀二門으로 나뉜다. 교는 교판과 교리를 포함하며, 교판은 중국불교의 교판 가운데 가장 뛰어나다. 즉 부처님의 가르침을 다섯 시기로 나누고 8종으로 나누어 정리했는데 이를 5시 8교[3]라고 한다.

당나라 때에 이르러 법상종이나 선종, 화엄종에 밀려 천태종의 사상은 잠시 주춤하였지만 담연湛然(711~782) 스님이 천태 3대부에 주석을 달고, 사상을 발전시켜 부흥시켰다. 송나라 때에도 잠시 부흥하였다가 원나라와 명나라 이후 선종에 밀려 중국에서의 천태교학은 점차 약화되었다. 그러나 오히려 천태종은 한국이나 일본에서 크게 발달하였다.

일본 승려 사이초最澄(766~822년)가 천태산에서 행만 선사에게서 법을 배우고 돌아가(806년) 일본 천태종을 개창했다. 이후 일본에서는

천태국사 진신보탑

13세기 일련 선사가 일으킨 일련종이 천태종의 가르침을 기본으로 하고 있다.

한국은 천태 국사와 동문인 백제의 현광, 천태 국사의 제자인 신라 연광과 법융 등 많은 승려들이 천태학을 배웠다. 이 천태산에 신라 스님들이 거주하였던 신라원新羅院이 있었을 정도로 남조에서 북송에 이르기까지 우리 나라 스님들이 많이 찾았다고 한다. 한편 고려의 제관諦觀이 지은 『천태사교의』는 현재 천태종의 기본 교재로 쓰이고 있다. 그러다가 고려 때의 대각국사大覺國師 의천義天(1055~1101년)에 의해 천태종이 개창되었다.

의천은 문종의 넷째 왕자로서 11세에 출가했는데, 30세에 송나라로 유학을 떠났다. 송나라에서 화엄과 선·율·천태학 등 다양한 분야로 공부를 했다. 귀국할 때 많은 경을 가지고 와서 흥왕사에 교장도감敎藏

都監을 설치하고 속장경4) 간행에 착수했다. 의천은 자신이 수집한 1,010종 4,857권의 불교 장서 목록을 정리한 『신편제종교장총록』5)을 비롯해 『원종문류』, 『석원사림』, 『대각국사문집』 등을 저술했다.

그는 1097년 43세 때, 국청사의 주지로 취임하면서 천태교관을 강설했고 천태종을 개창하였다. 이후 천태종은 국청사 외에도 전국에 6대 본산이 생길 정도로 교세가 크게 진작되었다. 한편 선종인 조계종과 교종인 화엄종의 결합을 보완한 선교禪敎통합을 위해 평생 노력하기도 했다.

천태종은 조선 초기에 들어 불교종파 통합과정에서 사라졌다가 1966년 상월 조사에 의해 중창되었다. 단양의 구인사에 본산을 두고 부산 삼광사, 서울 관문사에 중점 사찰이 생겨 많은 출가자와 신도들을 배출하였다.

중국 국청사는 아침공양이 6시, 점심이 10시 반, 저녁이 4시 반이다. 오자마자 저녁을 먹고 나니, 5시에 저녁예불이란다. 숙소 담당 보살이 친절하게도 저녁예불하는 장소에 데려다 주어 들어갔더니 법당이 아니고 우화전雨花殿이다. 천태종 스님들은 검은색 장삼에 가사를 수하고 있었다. 스님네가 40여 명, 20여 명의 신도들이 염불을 하고 있다. 일단 들어갔는데 좀 이상했다. 가만 보니 예불이 아니라 천도재를 지내는 것이다. 다시 나갈 수도 없고 해서 그냥 앉아서 중국사찰 제사 지내는 의식을 보기로 했다. 일단 불단을 향해 「몽산시식의蒙山施食儀」를 가지고 염불했다. 중간중간에 "나무아미타불"을 염하면 상주들이 앞에 나가

'수대고찰'이라고 쓰여 있는 국청사 일주문

절을 했다. 약 1시간 반 가량 지나 또 "나무아미타불"을 염하니 한 상주가 일어나 앉아서 염불하고 있는 스님들 앞을 지나며 한 사람 씩 보시금을 건넸다. 거의 다 보시금을 건넸을 무렵, 앞에 앉아 있던 한 보살님이 나에게도 보시하라고 상주에게 손짓을 하니까 내 앞에 와서 보시금 10원(한국돈 1,300원)을 건네 준다. 중국 사찰에 머물면서 이번이 두 번째 받는 보시금인데, 어쨌든 묘한 기분이다. 머리 깎은 중이라고 국적을 불문하고 받는 보시이니 얼마가 되었든간에 승가에 감사할 따름이다.

다음 날 아침공양을 마치고 도량을 돌아보았다. 엊저녁에도 느꼈지만 숨이 막힐 듯 답답한 느낌이다. 이 절에는 크고 작은 방이 600여 개라고 하는데 그 말이 실감이 난다. 당우나 요사채가 꽉꽉 들어차서 빈 공간이 하나도 없고, 또 각 당우 앞에 화분까지 줄지어 있어 답답한 기분이 더했다.

　수나라 때 절이라고 하지만, 현재 건물들은 대부분 청나라 때 유물이라고 한다. 워낙이 경치가 좋고 수려한 곳이라 왕희지나 이백 등 많은 문인들이 다녀간 곳이라고 옛 글씨체가 말해 준다. 대웅보전 안에는 석가모니 청동상과 양측에 18나한 목조상이 모셔져 있는데, 이는 원나라 때의 유물이다. 그 외에 천태선사 박물관이 있는데, 들어가 보니 천태선사의 역사적 수행력이나 국청사의 면모, 한국 천태종에서 선물로 보낸 불상들이 전시되어 있다.

　사찰에서 나와 사찰 주변을 돌아보니, 그윽한 이끼와 아무렇게나 자라난 풀들, 해묵은 고목들이 고풍스런 옛 정취를 느끼게 한다. 사찰 입구를 풍간교 사이에 '교관총지敎觀摠持' '수대고찰隋代古刹'이라고 쓰여 있고, 당나라 때 승려인 일행一行(673~727년) 선사[6]의 기념비도 눈에

국청사 도량 내에 있는 차관형 우물

욱청사 앞 수나라 탑

띄인다.

　또한 절에서 한참 떨어진 곳에 높이 59.3미터에 이르는 8각 9층 전탑이 우뚝 서 있다. 수나라 때 탑이라고 하지만 실은 송나라 때 유물이라고 한다. 전탑이 사람으로 치면 천 살이 넘는데, 인간의 짧은 수명을 비웃기라도 하듯 너무 의젓해 보인다. 아! 저렇게 부동의 자세로 몇 년이라도 묵묵히 서 있고 싶다.

주)
1) 혜사 스님에 대해서는 선종사찰기행 『유행』 편에 소개된다.
2) 4종삼매란 상좌常坐 · 상행常行 · 반행반좌半行半坐 · 비행비좌非行非坐 삼매이다.
3) 5시란 제일 먼저 부처님이 21일 동안 《화엄경》을 설했는데 중생들이 잘 알아듣지 못하자, 쉽게 가르침을 펴고자 12년 동안 《아함경》을, 8년 동안 《방등경》을, 21년 동안 《반야경》을 설했으며 마지막으로 《법화경》을 설했다. 따라서 마지막으로 설한 《법화경》은 천태종의 소의경전으로서 '부처님의 마지막 설법으로서 최고의 가르침을 총망라하고 있다'고 주장한다. 또한 8교란 교화의 의식으로 나누는 화의化儀의 4교(돈교頓敎 · 점교漸敎 · 비밀秘密敎 · 부정교不定敎)와 가르침의 내용으로 나누는 화법化法의 4교(장교藏敎 · 통교通敎 · 별교別敎 · 원교圓敎)이다.
4) 우리 나라 최초의 대장경은 고려 현종 때 부처의 힘으로 거란의 침입을 격퇴하고자, 초조대장경初雕大藏經를 간행했다. 이 초조대장경을 후대에 의천이 보완해서 간행한 것이 속장경續藏經이다. 1092년부터 시작하여 그때까지 수집한 1,010부 4,740여 권의 고서를 9년 동안에 경판으로 새겼다.
5) 의천은 이 일에 일찍부터 뜻을 두어, 국내는 물론 송, 요, 일본에까지 널리 불서를 모았고, 그것들을 간행하기에 앞서 그 목록인 〈신편제종교장총록〉을 만들었다. 이 목록집 상권에는 경에 관한 장소章疏 561부 2,586권, 중권에는 율에 대한 장소 142부 467권, 하권에는 논에 관한 장소 307부 1,687권이 각각 수록되어 있다.
6) 일행 스님은 북종선의 보적普寂에게서 법을 전수받았고, 율은 오진悟眞에게서 배웠으며, 형주 옥천사의 홍경弘景으로부터 천태를 배웠다. 또한 유학에도 정통하였다. 한편 선무외에게서 밀교를 공부한 뒤, 『대일경소大日經疏』를 저술했다. 그는 여러 저서가 있으며, 『대일경소』는 천태교학의 해석이 들어있는 초본으로 널리 알려져 있다. 일행 스님에 대해서는 중국사찰기행 『떠남』 편에 또 소개된다.

천태산 정상에서 맛본 산딸기
절강성 | 천태산 고명사, 지자탑원, 화정사, 만년사

국청사 앞에 위치한 수나라 탑에 참배한 뒤, 그 앞에서 고명사 올라가는 버스를 탔다. 천태산 몇 곳에 절이 있는데, 대부분이 산 정상에 위치해 있다. 그런데 미니버스 안에 웬 사람들이 그렇게도 많은지, 거기다가 물건까지 잔뜩 실려 있다.

고명사는 지의 선사가 창건한 사찰로, 고명강사高明講寺라고 편액이 쓰여 있다. 그런데 막상 도량에 들어가 보니 해묵은 당우와 요사채 몇 개뿐이다. 뒤편에는 법당과 당우를 다시 짓고 있었다. 이런 작은 고찰인데도 불구하고, 버스 안에 그렇게 많은 사람들이 고명강사 불교신자들이란다. 그날 저녁에 수륙법회정단水陸法會淨壇 의식이 있다는 것이다. 도량 내에서 신도들이 향과 단주를 사며, 오랜만에 만난 친구와 대화를 나누는 모습이 한국의 신도들과 별반 다르지 않았다. 도량은 너무 시끄러운데다 몇 마디 물어보려고 하니 스님네들은 너무 바쁘다. 신도들이 들고 온 물건이나 공양물들을 직접 나르고 있었다.

산문을 나와 왼쪽길로 10분만 걸어가면, 대단한 명소가 있다. 몇 개의 정자와 산책길처럼 되어 있는 오솔길, 나이가 많은 아름드리 나무들, 독특한 바위, 면면히 흐르는 물과 작은 폭포 등이 조화를 이루어 몇 폭으로 된 병풍 같았다. 또한 지자 선사가 큰 바위에 쓴 '유계幽溪'라는 글자가 있는 유계정幽溪亭과 스님께서 수행하였다는 동굴 원도동圓道洞이 있다. 최근에 조성한 포대화상이나 천태 선사와 제자들 상이 자연풍경과 어우러져 있다.

천태교관 굉법존자탑

이곳에서 나와 느긋하게 1시간 정도만 걸어 올라가면 지자탑원에 도착한다.

지자탑원智者塔院은 지자 선사의 육신탑이 있는 진각강사眞覺講寺이다. 천태산 봉우리 중 하나에 위치한 곳으로 매우 작은 사찰이다. 절 마당에 들어서면 지자육신탑智者肉身塔이라는 현판이 보인다. 이 안에 들어서면 3층 6각의 석탑 안에 지자 선사의 육신이 모셔져 있는데, 진신보탑眞身寶塔이라고 쓰여 있다. 또한 육신탑을 중심으로 사방에 천태종의 법맥을 이은 선사들이 모셔져 있다. 천태종도들은 천태 선사를 '동쪽의 석가'라고 지칭하는데, 이런 큰 자부심에 비해 지자탑원은 소박하게 꾸며져 있다. 이 절 스님네들은 국청사에서 행사가 있어 점심공양을 했다고 하며, 국수를 끓여 놓고 먹으라고 소리친다.

점심공양 후, 사찰 주위를 둘러보니 작은 탑이 하나 방치되어 있다. '천태교관 굉법존자탑'이라고 쓰여 있는데, 그 탑은 이끼가 잔뜩 끼어

천태산에서 만난 꼬마 친구들

있고 주위의 돌무더기, 이름 모를 풀꽃을 베개 삼아 누워 있는 모습이 너무 정겹고 좋았다. 사찰 참배를 하면서 이런 설레임을 기대하곤 한다. 지의 선사처럼 많은 사람들의 귀의처를 만든 길잡이가 있는가 하면, 이름없는 들꽃처럼 살다간 많은 승려들이 있었기에 천태종의 법맥이 천여 년을 면면히 흘러왔을 것이다. 하기야 필자로서는 이런 흔적조차 남기지 못하고 이 세상을 떠나겠지만.

지자탑원에서 바로 국청사로 내려오지 않았다. 지자탑원으로 올라가면서 그 꼭대기 기슭마다 있는 마을을 보며 '저 동네에 가봐야지!' 하고 생각했다. 지자탑원에서 나와 마을 쪽으로 향했다. 그런데 여자애들 4명이 내 쪽을 향해 걸어오고 있었다. 두 명은 고등학교 1학년과 2학년, 한 명은 초등학교 3학년, 그리고 7살 아이였다. 그들에게 마을 입구에 위치한 정자를 가리키며 함께 가자고 했더니 흔쾌히 대답한다.

정자 가까이 가보니, 그곳은 지자 선사가 법을 설했다는 곳인데 큰 바위에 '지자 대사 설법 장소'라고 쓰여 있다. 또한 지자 선사가 법을 설한 곳을 기념하는 탑비가 함께 있다. 또래의 도시 애들과는 완전히 다른 순수함이 있는 아이들이 내게 연신 설명을 해 주었다. "너희들이 사는 마을을 가보자."고 했더니 앞장선다. 멀리서 보는 그 마을은 마치 이상국가에서 건설한 평화로운 마을처럼 보였다. 묘한 일이다. 이제까지 한국이나 중국에서 여러 곳을 여행하였지만, 안주해서 살고 싶은 곳은 없었다. 그런데 천태산은 몇 달이고 살고 싶었다. 문명의 이기와 완전히 떨어진 곳에서 그냥 파묻혀 살고 싶다는 생각이 간절했다.

이렇게 천태산은 다른 불교 명산에 비해 중생들이 함께 어우러진 곳이다. 기슭 곳곳마다 민가가 있었고, 그 산 언저리에는 오직 불교 명산

천태국사께서 설법하셨던 곳

천태 국사께서 수행했던 동굴

만을 위해 존재하는 것이 아닌 중생들과 함께 숨쉬고 있다는 점이 마음에 들었다. 황산이 인간으로 치면 40대 초반의 위용과 인생의 성취욕과 자신감이 넘치는 모습을 담고 있다면, 천태산은 70대 노인의 모든 것을 수용해 용서하고 포용할 수 있는 넉넉한 품을 가진 모습이라고나 할까?

한편, 260여 년 전 천태산에서 한을 품고 살았던 여인이 있었다. 청나라 3대 황제 옹정제(1723~1735년 재위)가 한족에 대해 사상탄압을 하였는데, 이를 '문자文字의 옥獄'이라고 한다. 이때 많은 명나라 귀족과 문인들이 죽었다. 그 중 명나라 귀족 여유량은 부관참시를 당했고, 9족이 멸하는 화를 당했다. 다행히 여유량의 손녀 여사랑만 살아남아 원한을 갚기 위해 무예를 연마했는데, 그 무예를 연마한 곳이 바로 천태산이다. 여유량은 산 정상 부근인 혜일암의 오인 법사悟因法師에게서 무예를 배웠다. 여사랑의 무예가 어느 정도 완성되자, 원수 옹정제를 죽이기 위해 길을 떠나는데 오인 법사는 여사랑에게 다음과 같은 말을 한다. "중추지후中秋之候 과숙체락瓜熟蔕落.(추석 무렵이 되면, 익은 오이 꼭지가 떨어진다.)" 죽음을 각오하고 비장한 각오로 떠나는 여사랑이 굽어보았을 천태산 정상, 그 정상 부근에 위치했을 혜일암을 찾아보려고 했으나 찾기 힘들었다. 그 후 옹정제는 북경 원명원에서 여사랑의 칼날에 목이 잘렸다는 전설이 있다.

  그 아이들은 다시 마을 어귀를 지나 차가 다니는 쪽으로 나를 데리고 갔다. 어차피 차를 타지 않으면 국청사까지 가는 길이 멀기 때문이다. 40여 분 정도 함께 걸으면서 가는 내내, 그녀들은 가을 들꽃을 꺾어서 내 가방 옆 귀퉁이에 꽂아 준다. 또 한 여자애가 갑자기 풀숲을 헤치고 뭔가를 따와서 보니 산딸기였다. "너무 맛있다. 한국에도 있는데 좋아한다."고 했더니 가는 내내 산딸기만 보이면 계속 따 준다. 천태산에서 야생으로 자라난 열매과일 몇 가지를 따 주면서 먹으라고 해서 주는 대로 받아 먹었다. 상상할 수도 없는 산골아이의 순수함이다. 헤어질 무렵, 그들에게 줄 것이 하나도 없어 몇 푼의 돈을 건넸다. 그런데 그들은 정색을 하며, "너를 만난 것만으로도 너무 즐겁고 흔쾌한 일이다." 하며 냉정히 거절한다. 내민 손이 부끄러워 손을 집어넣었지만, 중국사람들은 이런 자존심이 있다. 대동大同에서 관음원 가는 버스 안에서도 고등학생이 옆에 앉아 있어 차비 2원을 내 주려고 했더니, 끝내 사양해서 그만둔 적이 있다. 저녁 잠자리에 누워 낮에 만났던 아이들을 생각하니 그들이 너무도 그립다. 다시 불을 켜고 아이들 사진을 보았다.

아이들과 헤어져 국청사를 향해 계속 길을 가는데, 버스가 오지 않는다. 길녘에서 65세쯤 되는 어르신 한 분이 서 있어 "국청사까지 걸어서 얼마나 가야 하느냐?"고 물었더니, "걸어갈 수는 없다."면서 기다리라고 한다. 그의 말대로 한참을 서서 기다리는데, 마침 자가용이 한 대 지나가는 것을 보고 자동차를 세워 나를 태워 주라고 부탁하는 것이다. 그분의 성의로 타고 내려갔는데, 국청사에 내려서 보니 중국 안내 책자를 두고 온 것이 아닌가. 너무 다리가 아파 그것을 깔고 앉았다가 급한 김에 두고 온 것이다. 마침 택시가 오기에 그 택시를 타고 다시 올라갔다. 택시비가 얼마가 들든 간에 여행책자는 중국에서 구입하기 어렵기 때문이다. 올라갔더니 어르신네가 책을 들고 서서 기다리고 있었다. 정말 중국인에게 감동받기는 이번이 처음이다.

천태산이 중국 남쪽지역인지라 해는 중천에 떠 있고, 다시 산꼭대기에 올라온 김에 다음날 가려고 했던 화정사와 만년사를 가기로 했다.

그런데 일반 지도책에서는 얼마 되지 않는 거리라고 표시되어 있는데, 이것은 잘못된 것이다. 지자탑원에서 화정사까지는 자동차로 가도 30여 분을 가야 하고, 만년사는 50여 분 정도의 거리였다.

화정사華頂寺는 절 입구에 '화정선사華頂禪寺'라고 쓰여 있어 선을 중시하는 곳임을 알 수 있다. 이 사찰은 최근에 법당 불사를 했으며, 그 이외 사천왕문이나 다른 당우는 불사 중이었다. 이 도량에도

화정사 삼문식 패방

지자 선사의 기념당이 있고, 스님네가 머물직한 요사채 한 구석에 큰 글씨로 '선禪'자가 쓰여 있다. 지자 선사의 사상을 이어받아 선과 교를 겸한 교관겸수의 수행터임이 분명하다. 사찰에 대해 정확히 알고자 사찰 안내책자를 하나 얻으려고 스님께 여쭈었으나, 그런 것이 없다고 한다. 마침 오후 3시 반인데, 저녁예불을 한다기에 어쩔 수 없이 도량을 나왔다. 다시 산속 길을 달려 만년사를 향해 출발했다.

만년선사萬年禪寺는 지금으로부터 1600여 년 전인 동진시대 운유雲猷라는 고승이 만년사를 세우기 시작하면서 승려들이 많이 찾아 왔고, 차츰 불교명산이 되었다. 만년사는 정말이지 깊고도 깊은 산골 안에 위치해 있었다. 이곳은 비구승들이 경전을 공부하는 불학원이다. 오후 4시

신도들이 천도재를 위해 준비한 공덕원

밖에 안 되었는데, 40여 명의 승려가 저녁예불을 하고 있어 법당 안에는 들어가지 못했다. 동진시대 절이라고 하지만, 꽤 넓은 도량에 대부분의 당우가 옛날 건물은 하나도 없고 최근에 불사한 건물들 뿐이다.

저녁 5시 반이 넘어 절에서 밥 얻어먹기는 틀린 것 같아 찐밤을 사먹으면서 국청사 산문에 들어섰다. 도량 안에 들어서니 길연수당吉延壽堂에서 염불과 목탁소리가 들렸다. 고인에게는 천도재요, 살아 있는 사람에게는 복과 수명을 위한 불공의식이다. 여러 스님네가 염불을 하고 있고, 그 뒤편에는 보살님들 30여 명이 함께 앉아 있거나 마당에 서 있다. 연수당 마당에는 큰 소대燒臺가 다섯 곳 준비되어 있고, 그 앞에는 종이로 만든 배, 종이로 만든 사람형상, 종이로 만든 돈, 4~5권의 경전[1]을 넣은 큰 봉투가 있고 봉투 겉면에 '공덕원功德院'이라고 해서 상주와 영가이름이 기재되어 있다. 이 의식을 보고자 길연수당 밖에서 2시간을 기다리고 있는데, 9시가 넘어야 끝난다고 한다. 할 수 없이 숙소로 들어갔는데, 다음 날 아침에 가 보니 소대에서는 종이가 계속 타고 있었다. 이런 천도의식 불공이 많기 때문인지 이 사찰 내에는 '사법실寫法

室'이라고 하는 공간도 있다. 글씨를 대필해 주는 사람이 대기하고 있는 곳이다. 중생제도 방법도 참 가지가지다.

▶▶오늘의 행보 : 고명사 → 지자탑원 → 화정사 → 만년사

주)
1) 실제 경전내용이 쓰여 있는 것이 아니라, 큰 봉투(15×30)에 경전 이름만 쓰여 있다. 《승석가여래유교가지봉乘釋加如來遺敎加持奉》(謹封), 《구화산지장왕보살九華山地藏王菩薩》(謹封), 《대승묘법연화경大乘妙法蓮華經》(謹封), 《예념무량수경탑禮念無量壽經탑》(謹封) 등.

중국 기독교와 천주교의 실상과 미륵신앙

절강성 영파 | 보국사, 설두사, 천주교당

밤마다 부처를 안고 자다가	夜夜抱佛眠
아침마다 같이 일어난다.	朝朝還共起
일어나건 앉건 서로 붙어 다니며	起坐鎭相隨
말을 하건, 침묵하건 늘 함께 머문다.	語默同居止
털끝만큼도 서로 떨어지지 않으니	纖豪不相離
마치 몸의 그림자 같구나.	如身影相似
부처가 어디에 있는지 알고자 할진대	欲識佛居處
다만 말하는 이 놈이니라.	只這語聲是

계 차 화 상

아침 일찍부터 서둘렀다. 오늘 하루는 보국사를 다녀와 영파 시내의 천주교당과 설두사를 다녀와야 하기 때문이다. 숙소 앞에서 보국사행 버스를 탔더니 40여 분 만에 절에 도착했다. 보국사는 밀림 속에 있어 고즈넉한 분위기와 그윽함까지 풍긴다. 비는 부슬부슬 내리고 월요일 이른 아침인지라 관광객도 없어 한적하다. 막상 들어가 보니 스님네가 상주하지 않는 단순히 관광지인지라 따뜻한 맛이 없다.

보국사保國寺는 영파寧波시에서 북쪽으로 15킬로미터 떨어진 영산靈山에 위치한다. 이 절에는 송나라 건축물이 그대로 남아 있다. 지금으로부터 1600여 년 전인 후한시대에 창건되어, 처음에는 '영산사'라 불렸다. 당나라 때 화재로 불타, 880년 중건하면서 보국사라 개칭하였다. 대웅보전은 이 절의 주요한 건축물로 일부 기둥 외에는 송나라 때 지어

보국사 대전

진 그대로 보존되었다. 못을 하나도 사용하지 않은 것으로 유명하며, 천장의 네모 모양이 여러 번 겹쳐져 건물을 지탱하고 있다고 한다.

대웅보전 입구에 고찰중휘古刹重輝라는 편액이 쓰여 있고, 더 안쪽에는 정진원精進院이라는 편액이 있다. '이 사찰이 오래도록 거듭 빛날 것', 그리고 부처님 뵈러 들어가는 입구에 수행코자 하는 간절한 마음을 표현했던 '정진원' 편액을 보자, 왠지 모를 쓸쓸함을 감출 수가 없다. 또 불상이 안치되었던 불단에 부처님과 양쪽 측면에 18나한이 모셔져 있지 않고 덩그러니 비어 있다.

관음전이라고 해서 가 보았더니 아무것도 없었다. 그저 법당 양쪽으로 종각과 고각이 있는데, 어떤 직원이 하도 권해서 갔더니 종을 치고 돈을 내라고 한다. 또 바로 옆에는 청나라 때 왕녀들이 탔던 호화찬란한 가마와 왕녀들의 침대가 있었다. 한 직원이 황궁의복을 입고 거기서 사진을 찍으면 즉석에서 빼 줄테니 돈을 내라고 해서 그냥 나왔다. 그리고 돌아서서 내 디지털카메라로 사진을 찍었더니, 중국말로 뭐라고 큰소리로 욕을 한다.

 장경각이라고 해서 올라갔더니, 최근에 조성된 아미타불이 모셔져 있다. 그 옆에 목탁이 있는데 목어木魚라고 써놓고 "목탁을 8번 두드리면 신체가 건강하고, 16번 두드리면 애정이 성취되며, 24번 두드리면 돈이 들어와 부자가 되고, 32번 두드리면 만사萬事가 형통된다."고 쓰여 있다. 참으로 잘도 지어낸다. 목어인지 목탁인지도 모르고, 그저 돈이나 벌겠다는 심사가 하도 괘씸해 목탁을 크게 계속 두드리고는 돈도 안 내고 줄행랑을 쳤다. 그런데 북소리와 종소리로 도량이 진동을 한다. 돈을 내고 치는 건데, 중생들이 사찰에 와서 종과 북을 치면 복 받는다는 순수한 마음이 갸륵할 뿐이다.

 부처님이 계시지 않는 곳, 승보와 법보가 없는 사찰에 무슨 의미로 불전함을 놓아두는지 중국정부의 심보가 얄밉다. 승려들의 요사채로 보이는 공간에 중국의 세계문화유산 사진과 중국 고대건축사, 몇 개의 그림들로 공간(전시실)을 꽉 채워 놓았다. 또한 방장실이었을 공간에서는 무슨 전시장을 만드는지 공사가 진행되고 있었다. 비까지 와서 날씨까지 우중충하니 영 마음이 쉽게 풀리지 않는다. 일단 절에서 나와 버스를 타고 영파 시내로 들어갔다.

 영파 시내 중심지에 영파시 기독교회 100년당百年堂이 있다. 들어갔더니 꽤 규모가 큰 교회다. "예배 볼 때, 몇 명 정도 오느냐?"고 물었더니, 일요일에 3~4천 명이 모인다고 한다. 그 교당은 4층으로 되어 있

기독교회 100년당

는데, 워낙 공간이 큰데다 신도는 많으니 목사님 설교 장면을 볼 수 있도록 비디오까지 설치되어 있다. 수위실을 지키는 아저씨는 나에게 주보를 주고 음료수까지 권하며 친절히 대했다. 보아하니 그 수위 아저씨는 비디오를 보고 있었는데, 목사님의 설교가 담긴 테이프였다. "중국인 목사님이냐?"고 물었더니, "당연하다."고 대답한다.

원래 중국에 기독교가 처음 전래된 것은 8세기 무렵 당나라 때지만, 예수회가 들어온 것은 명나라 때이다. 또한 1583년 마테오리치가 광동으로 들어와 1598년 북경으로 올라와서 황제를 알현하고 머물러도 좋다는 허락을 받았다. 그는 중국에 시계, 지도 등 서양문물을 제공하며 고위관리들을 중심으로 포교했다. 또한 조선에도 소개되었던 중국어판 성경인 『천주실의』를 지었다.

청나라 때 이르러, 유교와의 마찰이 점차 불거지자 옹정제는 선교사를 추방하고 기독교 자체를 금지시켰다. 기독교 포교활동이 인정된 것은 제2차 아편전쟁에서 청나라가 패한 이후부터다. 선교사들이 중국에 서양 문물을 제공한 것은 사실이지만, 대부분의 선교사들이 열강의 무력에 힘입어 선교사업을 벌였다. 어찌보면 선교사가 들어오면서부터 장사꾼들이 들어왔고, 중국의 경제를 무력화시키고 황폐화시키는 데 일조했다고 해도 과언이 아니다.

그러나 한편으로 훌륭한 선교사도 많았다. 1899년 황하가 범람하고 강소성 일대에 기근이 들었을 때도 중국인들은 '서양귀신이 출몰했기 때문'이라고 믿을 정도였다. 또한 1900년 의화단은 서양인들을 살해하고, 교회를 불사르며 선교사들을 마구 죽였다. 당시 중국인들은 선교사들을 '서양귀신'이라고 하였고, "선교사들이 아이들을 꾀어 간을 빼먹는다."는 기괴한 소문이 나돌 정도였다. 이런 풍조 속에서도 선교사들은 죽음의 위협을 받으면서까지 복음을 전파했다.

또한 성경의 가르침으로 농민운동이 일어나는 빌미를 제공하기도 했다. 청나라 때 홍수전(1814~1864년)이라는 사람은 과거시험에 몇 번이나 낙방하고 우연히 『권세양언勸世良言』이라는 기독교 전도서를 읽고, 1851년 남경을 도읍으로 정하고 국호를 '태평천국'이라고 하였다. 기독교적 평등주의에 입각하여 나라를 세운 것이다. 이후 청나라 군대와 외국 군대의 원조로 와해되었다.

천주교당

   기독교 백년당에서 10여 분 거리에 천주교당天主教堂이 있다. 이 천주교당에는 중국인 신부님이 두 분이며, 기독교당보다 훨씬 규모가 컸다. 한국인이라고 했더니 교당까지 데리고 가 보여 주며, 토요일 예배 때는 1,000여 명의 신자들이 모이는데 한국인도 예배 보러 온다는 것이다. 성당을 나오는데, "어디를 가더라도 성당에 가라."면서 절강성 교구 각 당의 주소와 전화번호가 적힌 전단지[1]를 주었다. 북경에서도 성당을 보았는데 북경 중심가인 왕푸징과 선무문宣武門을 비롯해 줄잡아 6~7군데 천주교 성당이 있을 정도이다.

   중국 왕조 가운데 300년을 지속한 나라가 거의 없었다. 그런데 왕조가 바뀌거나 왕조를 위협하는 것은 꼭 종교적인 색채가 강한 농민운동이나 반란에 의해서다. 현재 중국정부는 민중들에게 종교의 자유를 주면서도, 집회활동을 할 때에는 국가의 승인을 받아야 하고(외국인도 마찬가지) 파룬공法輪功과 같은 단체는 무자비하게 단속한다. 어쨌든 중국의 역대 왕조가 피의 역사로 점철되고, 북위·금·원·청 등 이민족의 지배를 받다보니 민중들의 삶 또한 궁핍할 때가 많았다. 이때마다 민중들은 미륵신앙에 의지하곤 했다.

 어둠의 세계로부터 광명 세계로 이끌어 주는데 마니mani가 헌신하여 세상을 구한다고 하는 페르시아의 마니교는 중국에 와서 명교明敎가 되고, 마니는 미륵이 되었다. 명교는 원나라 말기, 원나라 지배하에 있던 한족의 꿈을 담아 백련교로 이름이 바뀌었다. 그리고 미륵이 어두운 세상을 구제하여 밝은 세계로 구제한다고 주장했다. 한산동이라는 사람은 "내가 미륵의 화신이며, 명왕明王의 현신이다."라고 외치며 미륵임을 자처했다. 한산동이 체포되어 죽음을 당한 이후에도 백련교에 여러 파가 형성되었다.

 명나라 주원장은 가난한 농민의 아들로 태어나 역병으로 부모가 죽자, 각황사에 들어가 승려가 되었다. 3년여 동안 만행하고 사찰로 돌아온 무렵, 백련교도 곽자흥이 주원장의 고향 부근 호주에서 반란의 깃발을 올렸다. 주원장도 곽자흥의 수하에 들어가 백련교도에 가담했다. 얼마 후 곽자흥이 죽자, 주원장이 28세에 백련교인 홍건군의 최고 지도자가 되었다. 주원장은 원나라를 멸하고 명나라를 세웠는데, 주원장은 앞에서 말한 '명교明敎'라고 하는데서 '명'이라고 나라 이름을 지었다.

중국 사찰에는 거짓말같이 90% 이상이 천왕문에 포대화상이 모셔져 있는데, 중국인들은 '미륵보살'이라 칭한다. 원래 포대화상은 당나라 말기인 오대五代 때, 절강성 봉화奉化현 출신 계차契此(?~916년) 스님이다.2)

늘 웃는 얼굴에 포대包袋에다 무언가를 잔뜩 짊어지고 다니다 중생이 원하는 것은 다 준다고 해서 포대화상이라고 불렀다. 후대에 이 화상의 출생지였던 봉화에서 미륵교가 발생했고, 포대화상을 미륵의 화신으로 섬기고 있다.

차를 타고 미륵불교의 발상지인 봉화 설두사雪竇寺로 향했다. 설두사에 도착하니 '설두자성선사雪竇資聖禪寺'라는 편액이 걸려 있다. 이것은 송나라 때 진종眞宗(999년)이 써 준 것이라고 한다. 그리고 이곳은 10대 명찰 중의 하나로 이름난 곳이다.

이 절은 1600여 년 전 진나라 때 세워져 처음에는 '폭포원'이라고 불렀다. 당나라 때 화재로 불타버리자 다시 중건해 '폭포관음'이라 하였다가 이후 몇 차례 화재가 있었고, 그때마다 다시 지었다. 1968년 흰개미의 피해로 건물이 완전히 피해를 입었고, 현재 사찰건물은 모두 최근의 것이다. 솔직히 고대 사찰이지만, 거의 대부분의 건축물이 근래 지어져 깨끗하기는 한데, 고찰의 의미가 전혀 없어 이질감까지 느낄 정도이다.

'미륵보살'이라 칭하는 포대화상

　미륵전에는 포대화상을 중심으로 관우와 신장님이 좌우보처로 모셔져 있고, 대웅보전에는 보현보살과 문수보살이, 가람전에는 관우가, 조사전에는 원래 선종 사찰답게 달마가 모셔져 있다. 장경루에 들어가니 스님네가 30여 명, 보살님들이 40여 명 기도를 하고 있었다. 또한 왕생당에는 최근 무슨 천도재가 있었는지 과일이 엄청나게 올려져 있다. 아마도 이 도량은 중생이 원하는 대로 얻을 수 있다는 포대화상의 도량답게 중생들의 기도처로 자리잡힌 듯하다.

설두사 미륵보전

▶▶오늘의 행보 : 보국사 → 기독교회 100년당 → 천주교당 → 설두사

주)
1) 전단지에 의하면 절강성만 해도 영파시 3곳, 여요余姚시 1곳, 자계慈溪시 3곳, 주산舟山시 2곳, 소흥紹興 1곳, 흥안공원興安公園 1곳에 천주교당이 있다. 현재 중국의 종교와 신앙 선택은 자유이다. 근래(2005년) 현황을 보면, 불교와 도교신자는 정확히 알 수가 없고, 이슬람교도가 1,800여만 명, 라마교도가 700여 만 명, 가톨릭교도 530만 명, 기독교도는 2,000만 명으로 추산된다고 한다.
2) 졸저 『붓다의 메시지가 도착했습니다』에 자세히 다룬 적이 있어, 여기서는 생략한다.

중국사찰기행 1
환 희

초판 1쇄 발행 | 2007년 2월 15일
지은이 | 정운
펴낸이 | 이동출
펴낸곳 | 도서출판 솔바람
등록 | 1989년 7월 4일(제5-191호)
주소 | 서울특별시 종로구 수송동 58번지 두산위브 파빌리온 1213호
전화 | (02)720-0824 전송 | (02)722-8760 이메일 | sulpub@hananet.net
편집위원 박종일 | 편집장 김용란 | 편집 정호숙 오수영
디자인 정현애 황은아 | 제작·영업 권혁민 박기석

값 11,000원
ISBN 978-89-85760-55-3 03220

· 저자와의 협의에 따라 인지를 생략합니다.
· 잘못된 책은 바꾸어 드립니다.